Heike Baum

Das Kind in mir

Wagner

Heike Baum

Das Kind in mir

Was mich und meinen
Erziehungsstil prägt

Herder Freiburg · Basel · Wien

Gedruckt auf umweltfreundlichem, chlorfrei gebleichtem Papier

Umschlaggestaltung: Joseph Pölzelbauer, Freiburg
Umschlagfoto: © Tony Stone / Bavaria Bildagentur
Innenlayout: Joseph Pölzelbauer, Freiburg

Alle Rechte vorbehalten – Printed in Germany
© Verlag Herder Freiburg im Breisgau 1998
Satz: Barbara Herrmann, Freiburg
Druck und Bindung: Freiburger Graphische Betriebe 1998
ISBN 3-451-26503-6

Inhalt

Vorwort

D as Kind in mir" – das klingt nach einem psychologischen Thema. Was aber hat dieses „innere Kind" mit dem eigenen Erziehungsstil zu tun, mit dem Umgang mit Kindern und dem eigenen pädagogischen Ansatz?

Erziehung ist immer auch Beziehungsarbeit. Nur im direkten Kontakt können wir Kinder erreichen, bewegen und berühren. Wenn jemand ein falsches Spiel mit uns treibt, die Karten nicht auf den Tisch legt, reagieren wir mit Ärger. Was wir von Menschen in Beziehungen erwarten, ist Authentizität und daß sie meinen, was sie sagen.

Auch Kinder erwarten das von ihren erwachsenen Bezugspersonen und den Erzieherinnen, mit denen sie den Kindergartenalltag teilen. Wenn eine Erzieherin einen pädagogischen Ansatz vertritt und diesem entsprechend handelt, so spüren Kinder genau, ob sie ihre Haltung ihnen gegenüber mit ihrem ganzen Wesen vertritt oder ob es sich um eine professionell angeeignete Phrase handelt. Kinder erleben letzteres als eine Mißachtung ihrer selbst und beginnen zu mißtrauen, da sie eine doppelte Botschaft von seiten der Erwachsenen wahrnehmen.

Aber auch die Erzieherin selbst wird unzufrieden mit dieser Situation sein, da sie immer etwas Heimliches bzw. Verstecktes in ihrem Handeln spürt, das wirkt, ohne benennbar zu sein.

Wie Erzieherinnen dieses Phänomen wahrnehmen, ist unterschiedlich und hängt in starkem Maße von ihrer Persönlichkeitsstruktur ab. Manche Pädagoginnen beschreiben es als eine Glasscheibe, die sich zwischen ihre Gefühle und ihr pädagogisches Denken schiebt. Die Gefühle stehen dann nicht mehr zur Verfügung und können so nicht in die Beziehung zu den Kindern einfließen.

Andere wiederum agieren derartige Gefühle in der Beziehung zum Kind so aus, daß an einem bestimmten Punkt gleichsam der Gaul mit ihnen durchgeht. Das heißt, ihre Unmutgefühle bauen sich langsam während der Arbeit auf und können nicht interpretiert und positiv genutzt werden. Wenn das Faß schließlich – vielleicht bei einer Kleinigkeit – überläuft, verliert die Erzieherin für Sekunden ihre pädagogischen Kompetenzen und überläßt sich ausschließlich ihrem Frust.

Die Verbindung zwischen der inneren Haltung und den eigenen Gefühlen auf der einen und den pädagogischen Handlungskompetenzen auf der anderen Seite herzustellen, ist schwer, wenn eine Erzieherin nicht gelernt hat, ihre Gefühle als grundlegenden Maßstab zu nutzen und zu reflektieren. Das pädagogische Fachwissen wird immer wieder von inneren Bildern beeinflußt und teilweise unterlaufen, die zumeist nicht ins Bewußtsein dringen.

Dieses Buch will Erzieherinnen helfen, sich auf die Spur dieser „inneren Bilder" vom Menschen allgemein und vom Kind im besonderen zu begeben, um so zu einem ausgeglichenen und einheitlichen Erziehungsstil finden zu können.

Die Grundlagen des eigenen Menschenbildes werden in der Kindheit gelegt. Das heißt, die eigenen Bezugspersonen von damals dienen als Vorbild. Mit diesen Menschen erlebte Lust- und Frustsituationen werden im eigenen Ich abgespeichert und wirken immer dann, wenn sie durch eine neue Begegnung oder eine bestimmte Situation aktualisiert werden.

Da die Arbeit in Kindertageseinrichtungen, wie oben bereits erwähnt, vor allem auch Beziehungsarbeit ist, kommt es für Erzieherinnen immer wieder zu solchen Situationen und Übertragungsmöglichkeiten eigener Erlebnisse. So erinnern Eltern beispielsweise an die eigenen Eltern und rufen Gefühle hervor, die mit längst vergangenen und vielleicht überwunden geglaubten Autoritätskonflikten in Zusammenhang stehen; Kinder wiederum bieten den Erzieherinnen eine Projektionsfläche der eigenen unerfüllten Hoffnungen oder Wünsche.

Da die ursprünglichen Situationen so schwer zu fassen sind und einer intensiven Beschäftigung mit sich selbst bedürfen, wirken sie oft unbewußt in die Arbeit hinein. Es sind oft Kräfte im Gange, die das Verhalten einer Erzieherin einengen, sie unzufrieden und manchmal auch ungerecht machen, wenn sie z. B. ein Kind mit Vorurteilen konfrontiert, die in der Vergangenheit der Erzieherin entstanden sind und nichts mit dem Kind selbst zu tun haben.

Dieses Buch soll Ihnen die Möglichkeit bieten, sich mit dem Kind in sich und dem eigenen Menschenbild auseinanderzusetzen, um so zu einer freien und reflektierten pädagogischen Haltung zu finden, neue Motivation für die Arbeit zu erhalten und unnötige Anstrengungen zu vermeiden, die sich leicht aus dem Konflikt zwischen pädagogischem Ideal und unbewußten Leitbildern ergeben.

Da ich selbst von meiner eigenen Geschichte geprägt bin, ist dieses Buch bei allem Bemühen, neutral und wertfrei zu bleiben, letztlich von meinen eigenen Erfahrungen und individuellen Nuancen geprägt. Das bedeutet für Sie als Leserin, daß Sie das geschriebene Wort nicht einfach hinnehmen, sondern überprüfen sollten, was für Sie davon wichtig und richtig ist und welche Teile Sie anders sehen.

Die einzelnen Kapitel trennen zum besseren Verständnis Aspekte voneinander, die im Leben stark ineinander greifen. Diese Trennung ist künstlich, und das Menschenbild entsteht natürlich in einem Wechselspiel von äußeren und inneren Einflüssen. Nach einer Klärung dessen, was mit dem „inneren Kind" gemeint ist, werden die Einflüsse untersucht, die das „innere Kind" und Menschenbild prägen, wobei der Bogen von biographischen Aspekten bis hin zu den Modellen pädagogischer Ansätze reicht. Im dritten Kapitel wird anhand konkreter Beispiele verdeutlicht, welche Auswirkungen das Menschenbild auf die Arbeit mit Kindern haben kann. Es schließt sich ein Abschnitt mit praktischen Übungen an, die geeignet sind, sich und dem „inneren Kind" auf die Spur zu kommen.

In Kindertagesstätten arbeiten nach wie vor wesentlich mehr Frauen, weshalb in diesem Buch ausschließlich von Erzieherinnen die Rede ist. Erzieher mögen bitte darüber hinwegsehen.

Heike Baum

1

Einleitung oder wovon hier die Rede ist

Definition des „inneren Kindes"

Es gibt viele gute Gründe, warum jemand Erzieherin wird. Neben verschiedenen, eher äußeren Motiven ist es aber vor allem das Menschenbild, das bei dieser Entscheidung eine Rolle spielt. So erzählt eine Erzieherin:

> „Mit Kindern zu arbeiten, hat mir schon immer viel Spaß gemacht. Ich wollte gerne viel mit Menschen zu tun haben. Kinder, so schien es mir, sind bedürftig, sie brauchen Menschen, die sie lieben und die ihnen helfen, die Welt zu begreifen. Ich selbst fühle mich Kindern gewachsen. Sie sind begeisterungsfähig und voller Neugier auf diese Welt. Außerdem habe ich mir erhofft, im Team Menschen zu finden, die ähnlich wie ich denken, mit denen ich mich austauschen und mit denen ich ein harmonisches Arbeitsleben führen kann."

Beim Lesen dieses Textes werden Sie sich sicherlich in dem einen oder anderen Punkt wiederfinden, und den meisten anderen Erzieherinnen wird es ähnlich wie Ihnen

gehen. Bei aller Übereinstimmung können die dahinter-
liegenden Motive aber ganz verschieden sein. Der Drang,
Kindern helfen zu wollen, kann zum Beispiel davon her-
rühren, daß eine Erzieherin sich als Kind selbst hilflos gefühlt hat und nun meint, Kinder vor dieser Hilflosigkeit
bewahren zu müssen; oder aber sie hat sich geborgen
und gestützt gefühlt und will dieses auch den ihr anver-
trauten Kindern vermitteln. Damit verbunden ist die Frage, ob eine Erzieherin glaubt, Kindern helfen zu müssen,
weil sie der Ansicht ist, daß diese grundsätzlich hilflos
sind, oder ob sie Kindern zeigen will, daß sie eben nicht
hilflos sind, sondern ihr Leben selbst gestalten können.

Hier treffen zwei verschiedene Vorstellungen vom Kind
aufeinander: Kinder sind hilflos, so die eine, Kinder sind
nicht hilflos, so die andere. Hinter diesen Vorstellungen
vom Kind und von der Kindheit steht die eigene Persön-
lichkeit, stehen die eigenen Erfahrungen als Kind im Zu-
sammensein mit anderen Menschen. Sie prägen unsere
Haltung Kindern gegenüber und unseren Erziehungsstil.
So führt der Weg zum eigenen Menschenbild und Erziehungsstil über unser „inneres Kind", dem auf die Spur zu
kommen ist.

In aller Regel wurde uns in unserer Kindheit vermittelt,
machtlos zu sein. Kinder hatten sich bis vor einigen Jahren
noch ganz nach den Bedürfnissen und Vorstellungen der
Erwachsenen zu richten, was viele der heutigen Erwachsenen geprägt haben dürfte. Kinder entwickeln aus dem Erlebten leicht ein Gefühl, weniger wert zu sein, oder die
Vorstellung: „Ich bin schlecht und bringe Unruhe."

Das Spektrum positiver und negativer Gefühlserfahrungen hat sich uns eingeprägt, es ist unser „inneres Kind" geworden. Immer dann, wenn im Erwachsenenalter ein bestimmtes Gefühl angesprochen wird, greift unser emotionales Gedächtnis auf diese alten Erfahrungen zurück, um das Gefühl einordnen zu können. Mit diesem Rückgriff verbunden ist, inwieweit wir etwas als Glück oder Unglück erleben.

Familie M. sitzt beim Essen. Wie so oft bekommt der unberechenbare Vater, gerade als fröhlich gelacht wird, einen Wutanfall. Claudia, die vierjährige Tochter, ist von diesen häufigen Wutanfällen verunsichert und weiß nicht mehr, ob es nicht überhaupt zu gefährlich ist, am Tisch zu lachen. Trotzdem wird sie durch die familiäre Situation immer wieder verführt, sich gehen zu lassen, Spaß und Freude zu empfinden und sich wohlzufühlen, um anschließend (so wirkt es für sie) für die Ausgelassenheit vom Vater und von seinem Schreien bestraft zu werden.

Wenn eine solche Situation nicht reflektiert wird, kann dies bei einer erwachsenen Person immer wieder zu Unbehagen oder sogar zu Appetitstörungen bei einer fröhlichen Mahlzeit führen, weil das Gedächtnis sich an die Erlebnisse in der Kindheit und die damit verbundenen Gefühle erinnert und sie nicht von der gerade aktuellen Situation trennen kann.

Man spricht in diesem Zusammenhang davon, daß das
„innere Kind" an den Stellen, an denen es die Verletzung
erfahren hat, nicht mehr wachsen konnte. Das heißt, daß
die Frau, zu der das Mädchen aus dem Beispiel herange-
wachsen ist, einen Teil in sich trägt, der noch nicht reali-
siert hat, daß sie erwachsen ist und sich gegen solches will-
kürliches Verhalten wehren kann. Dieser Teil ist bei der
früheren Verunsicherung stehengeblieben und hat sich
nicht weiterentwickelt, ist nicht gewachsen.

Der Begriff des „inneren Kindes" ist als Erklärungsmodell
zu verstehen. Er bezeichnet den Teil eines Menschen, in
dem die Erlebnisse als Kind abgespeichert sind. Dabei ist
zu sehen, daß es auch positive Aspekte des inneren Kindes gibt. Diese Anteile sind jedoch in den meisten Fällen
im Erwachsenenleben integriert, da sie sich gut anfühlen
und wir diese Gefühle gerne haben. Schmerzende oder
verunsichernde Gefühle werden dagegen gemieden. Für
einen reflektierten Umgang mit sich und anderen Menschen muß jedoch auch dieser „ungeliebte" Bereich betrachtet und verarbeitet werden. Auch wenn wir die unangenehmen Gefühle nicht spüren wollen, haben sie
Auswirkungen auf unsere Beziehungen und unsere Arbeit
mit Kindern.

Was Erzieherinnen in einer Kita erreichen und erreichen wollen, hängt in großem Maße von ihrem „inneren
Kind" und dem daraus entwickelten Menschenbild zusammen. Viele pädagogische Absichten werden von der
Hoffnung getragen, es möge den Kindern durch die Förderung besser gehen als den Erzieherinnen in ihrer eigenen

Kindheit und es mögen ihnen die Wünsche erfüllt werden, die für die Erzieherinnen unerfüllt geblieben sind. Umgekehrt kann auch eine verklärte Kindheit in die Erziehungsbemühungen hineinwirken und als Maßstab für das gelten, was ein Kind erleben oder entwickeln soll. Dies wird dann problematisch, wenn Kinder diesem Bild so gar nicht entsprechen und z. B. stundenlang mit einem Tamagotchi beschäftigt sind, statt im Freigelände zu toben.

Ein grundlegender Punkt, an dem sich die verschiedenen Menschenbilder unterscheiden, ist die Frage, ob Erzieherinnen die Beziehung zu Kindern als Objektbeziehung oder als Subjektbeziehung verstehen.

In der *Objektbeziehung* werden Kinder als ein Gefäß betrachtet, das es zu füllen gilt. Ein Kind ist etwas, das gleichsam leer auf die Welt kommt, und die Aufgabe der Erwachsenen ist es, dafür zu sorgen, daß es sich im Laufe der ersten Jahre mit ihm förderlichen und wichtigen Dingen füllt.

In der *Subjektbeziehung* werden Kinder als vollständige Wesen angesehen, die alles aus sich heraus meistern können und denen nur der Raum und die Beziehung angeboten werden müssen, damit sie sich entwickeln und somit Schöpfer ihres eigenen Lebens werden.

In Beziehungen wirkt das eigene Menschenbild wie eine Folie, durch die andere Menschen betrachtet werden. In dieser Folie sind die verschiedenen Ansichten über Eigenschaften vom „Menschen an sich" eingebrannt, zum Beispiel:

• „Kinder brauchen alle Anregung zum Lernen von außen, und sie haben keine eigene treibende Kraft. Die
  Erwachsenen müssen dafür sorgen, daß Kinder in be-
  hutsamer Weise geformt werden, damit sie sich später
  in unserer Gesellschaft zurechtfinden. Die Menschen
  sind von einem großen Egoismus geprägt, gegen den
  sie beständig ankämpfen müssen. Damit sie sich sozial
  verhalten können, muß ihnen schon früh beigebracht
  werden, daß sie nicht mehr zählen als andere Menschen auf dieser Welt."

Oder aber die Folie zeigt ganz Gegenteiliges:
• „Jeder Mensch ist einzigartig und in seinen Eigenhei-
  ten zu respektieren. Er kann gut in der Spannung leben, für sich selbst zu sorgen und andere dabei nicht
  zu verletzen. Kinder sind neugierig auf diese Welt und
  lernen deshalb in ihrem eigenen Tempo und in der zu
  ihnen passenden Reihenfolge alles, was sie zum Leben
  brauchen. Menschen können nur in der Weise denken
  und handeln, wie sie sich auf Grund ihrer Erfahrungen
  gebildet hat. Der Mensch lernt in seinem Leben nie
  aus, Erfolg und Mißerfolg gehören in gleichem Maße
  zu jedem Leben dazu. Kinder und Erwachsene müssen
  nicht perfekt sein, Fehler darf es geben."

Neben diesen beiden unterschiedlichen Menschenbildern
existieren unzählige weitere, die sich völlig zu widersprechen scheinen. Die Erfahrungen, die hinter diesen Bildern
stehen, widersprechen sich in ähnlicher Weise. So hat die
eine Erzieherin vielleicht die Erfahrung machen müssen,

daß sie in den Augen ihrer Eltern zu nichts taugte und nur dafür da war, die „niedrigeren" Arbeiten zu Hause zu erledigen. Eine andere fühlte sich geborgen, geschützt und geliebt, so daß sie von Anfang an ein positives Selbstwertgefühl entwickeln konnte.

Dies ist keine Wenn-dann-Regel: Jeder Mensch nimmt die gleiche Kränkung anders wahr und reagiert anders darauf. So könnte die erstgenannte Erzieherin sich genausogut früh für sich selbst entschieden und mit aller Kraft für sich selbst gesorgt haben, während die zweite Erzieherin sich derart überbemuttert gefühlt haben könnte, daß sie sich hätte in ihr wärmendes Nest zurückziehen und in Depression versinken können.

Zu dem prägenden Einfluß der eigenen Kindheit kommen später die Ausbildung und das dort vermittelte Menschenbild hinzu. Schülerinnen in Fachschulen für Sozialpädagogik werden häufig wie Kinder behandelt, die in allem gegängelt werden. Sie können weder über ihre Zeiteinteilung noch über die Fächerschwerpunkte selbst bestimmen. Sie werden im Unterricht behandelt wie zu Zeiten des Frontalunterrichts in der ersten Klasse und in allem bevormundet. Abgesehen davon, daß es andere, auch bereits praktizierte Lehr- und Lernformen der Reformpädagogik gibt, bekommen die zukünftigen Erzieherinnen am eigenen Leibe zu spüren, wie man mit Menschen, die etwas lernen sollen und wollen, umgeht und im allgemeinen Verständnis vielleicht auch umgehen sollte. Es wird ihnen auf diese Weise beigebracht, daß Menschen in allem auf Autorität angewiesen sind. Es ist

dann nicht immer leicht, im späteren Alltag als Erzieherin
eines Kindergartens mit situationsorientiertem Ansatz in
Ruhe auf die Kinder zu vertrauen, wenn zuvor noch nie
die Möglichkeit bestand, die eigene Lernform zu finden
und mit ihr zu experimentieren. Wir müssen selbst die
Erfahrung der Freude darüber gemacht haben, etwas allein geschafft und bewältigt zu haben, um uns in die Situation der Kinder einfühlen zu können.

Alle Theorie nützt gar nichts, wenn eine Erzieherin
nicht ihre eigenen Erfahrungen machen konnte und so
gelernt hat, daß Menschen, große und kleine, am besten
durch eigene Erfahrung lernen.

2

Dem „inneren Kind" auf der Spur

Die Quellen des eigenen Bildes vom Kind

Um die Entstehung des eigenen Menschenbildes zu verstehen, ist es notwendig, die unterschiedlichen Faktoren zu beleuchten, die diese Entstehung beeinflussen. Wir sind nicht nur geprägt von unserer familiären Geschichte, sondern auch von der Geschichte unserer Kultur und speziell der Epoche, in der wir aufgewachsen sind. Medien und Umwelt vermitteln uns ebenso ein Bild von der Welt und ihren Menschen wie die psychologischen und pädagogischen Strömungen, in deren Wirkungskreis wir groß werden oder die uns während der Ausbildung bzw. in professionellen Zusammenhängen beschäftigen. Verschiedene Bereiche, die unser Menschenbild mitprägen, sind hier einzeln und getrennt voneinander aufgeführt, wenngleich sie in der Realität in einem ständigen Wechselspiel stehen. Zu unterschiedlichen Zeiten ist die Größe der Einflußnahme dabei unterschiedlich. In der Kindheit ist sicherlich das Elternhaus maßgebend für die eigene Weltanschauung. Später kommen die unmittelbare Umwelt, Freundschaften, Erzieherinnen,

Lehrerinnen usw. hinzu. In der Pubertät beginnen Jugendliche sich dann durch Literatur, Idole und außerfamiliäres Engagement eigene Werte, Normen und damit ein Bild vom Menschen zu suchen. In jeder dieser „Phasen" wird auf frühere Erfahrungen zurückgegriffen.

2.1 Das bekannte und unbekannte Erbe unserer Kindheit

Unter den Faktoren, die von außen auf einen Menschen einwirken und sein Menschenbild prägen, nimmt das familiäre Umfeld sicherlich eine zentrale Position ein.

Eltern und Erzieherinnen können nicht verhindern, das Menschenbild der Kinder mitzuprägen, und wer bewußt erzieht, weiß, daß dies ein wichtiger Bestandteil der Pädagogik ist. Kinder sollen verantwortungsvoll für sich und ihre Umwelt sorgen. Dazu gehört ein Menschenbild, das die anderen Menschen achtet. Dementsprechend sind Erziehende bemüht, das Menschenbild der Kinder zu prägen und ihre Normen und Werte weiterzugeben. In der täglichen Erziehung geht dies oft Hand in Hand mit den täglichen Aufgaben, mit dem Erlauben, Belohnen und Verbieten bestimmter Dinge. Kinder beobachten genau, wie Erwachsene im Alltag mit anderen Menschen umgehen, welche Verbote sie selbst einhalten und welches Gefühl ihnen entgegengebracht wird. Sie bekommen so in ihrem Leben „Leitsätze" oder „Leitmotive" mit auf den Weg, die sie verinnerlichen. Um diese große Welt zu begreifen, braucht ein Kind klare Strukturen, die Sicherheit geben und als „Leitsätze" formuliert werden. Dabei spielen die Eltern eine große Rolle. Deren eigene „Leitmotive" werden von Kindern nach und nach übernommen, verändern sich und werden ein fester Bestandteil der kindlichen Sichtweise dieser Welt. Solche Prinzipien und Leitmotive werden in Familien zum Teil offen ausgesprochen, wie zum Beispiel: „Im Streit schlägt man nicht!" Oder aber sie bleiben unausgesprochen: „Erwachsene wissen besser, was ein Kind braucht."

Je weniger in Familien und Kindertagesstätten offen über Normen und Werte gesprochen wird, um so mehr gibt es geheime Botschaften, die als unausgesprochene Leitsätze fürs Leben gelten.

Erzieherinnen stehen hier vor einer Art Dilemma: Zum einen sollen sie den Kindern helfen, ihren eigenen Weg und ihre eigene Weltsicht zu finden, zum anderen sind sie selbst von „Leitsätzen" geprägt, über die sie sich nicht einfach hinwegsetzen können und die ihnen vielleicht nicht einmal bewußt sind. Es sind vor allem die familiären Tabus, die es einer Erzieherin schwermachen können, weil sie nicht reflektiert worden sind.

Verdrängte Gefühle und Ängste

Was für Kinder allgemein gilt, gilt auch für die eigene
Kindheit, in der die Werte und Normen nicht nur durch
das bewußte Erziehen seitens der Eltern, sondern auch
von deren Reaktionen und von der Stimmung zu Hause
geprägt wurden. Hierzu ein Beispiel:

Wenn eine Mutter angespannt nach Hause kommt
und auf einen besonderen Wunsch ihres Kindes genervt
reagiert, wird dieses die Reaktion nicht auf die Arbeitssituation beziehen können, sondern glauben, der Wunsch
sei unangemessen. Wiederholt sich eine solche Situation,
so kann aus dem Erlebten leicht ein Leitsatz werden, wie
z. B.: „Meine Wünsche sind unangemessen."

Dagegen können nur offene Gespräche gesetzt werden.
Würde die Mutter anders reagieren und sagen: „Das ist
eine tolle Idee, aber mein Tag war heute so anstrengend,
daß ich es gerne auf morgen verschieben würde", könnte
das Kind reagieren und eventuell nachfragen, was an diesem Tag so anstrengend war, oder aber verhandeln, unter
welchen Bedingungen der Wunsch doch gleich erfüllt werden könnte. In letzterem Fall glaubt das Kind nicht, seine
Wünsche seien – anfangs im Einzelfall, später grundsätzlich – unangemessen, sondern hört, daß der Gefühlszu-
stand der Mutter nichts mit ihm selbst zu tun hat.

Bislang herrschte oft die Vorstellung vor, daß Kinder von
den Belastungen der Eltern ferngehalten werden sollten.
Das Beispiel zeigt aber deutlich, daß dies gar nicht geht.
Kinder leben so eng mit ihren Eltern zusammen, daß auf

Dauer nichts zu verheimlichen ist. Im Gegenteil, Kinder
sind wesentlich sensibler für Stimmungen als Erwachsene,
weil sie einen direkteren Zugang zu den eigenen Gefühlen
haben. Sie haben noch nicht gelernt, ihre Befindlichkeiten
zurückzustellen, um zum Beispiel arbeitsfähig zu sein.
Diese Sensibilität ermöglicht es ihnen, die Gefühle der Erwachsenen derart deutlich zu spüren. Im Laufe der Zeit
lernen Kinder jedoch immer mehr, ihre Gefühle zurückzustellen und schließlich zum Teil zu verdrängen. Diese
Entwicklung kennen wir alle aus unserer eigenen Vergangenheit, und wir wissen, wie schwer es manchmal ist, sich
selbst bestimmte Gefühle einzugestehen, geschweige denn
den anderen gegenüber zuzugeben. Der gesellschaftlichen
Norm, die privaten Dinge im stillen Kämmerchen zu klären, haben vermutlich auch Sie sich untergeordnet.

Es ist jedoch ein Trugschluß zu glauben, die zurückge-
stellten Gefühle, Wünsche und Hoffnungen seien damit
nicht mehr vorhanden, nur weil wir vermeiden, sie zu
spüren. Im Gegenteil, sie wirken um so stärker, je ver-
drängter sie sind. Das Ich, der Geist, oder wie immer Sie
es nennen wollen, akzeptiert nicht, daß ein Teil von ihm
ignoriert wird: Die Gefühle greifen unbewußt in unser
Handeln ein.

Als Erzieherin kann man sich, immer wieder mit Kindern und anderen Erwachsenen konfrontiert, den unein-
gestandenen Gefühlen besonders schwer entziehen. Leicht
kann der vermeintliche Vorteil, arbeitsfähig und klar zu
bleiben, dazu führen, daß die Auswirkungen des Unbewußten in der eigenen Arbeit unzufrieden machen. Ein

Teufelskreis nimmt seinen Lauf: Um die Unzufriedenheit
nicht so deutlich zu spüren, beginnt die Verdrängung von
vorne.

Natascha A. hat bereits fünf Jahre Erfahrung in der
Kindertagesstätte gesammelt. Sie hat sich stark mit
der Pädagogik Maria Montessoris beschäftigt und viel
davon in ihre Arbeit einfließen lassen. Obwohl sie die
Arbeit voll Elan begann und Erzieherin zu werden ihr
großer Wunsch gewesen war, fühlt sie sich heute ausgelaugt und überanstrengt. Sie beginnt, sich jeden
Morgen innerlich für den anstrengenden Tag zu
wappnen. Dabei verliert sie nach und nach ihr um-
gängliches und sensibles Wesen, das die Kinder bislang so sehr an ihr geschätzt haben. Sie wird kühl
und distanziert. In einem Gespräch wird ihr deutlich,
daß sie nur noch einen Job erfüllt und sich selbst hinter einem pädagogischen Ansatz versteckt. Sie versucht, sich selbst und ihre Arbeit damit zu rechtfertigen, daß die Kinder etwas bis zum Schuleintritt lernen.
Im Grunde ist sie aber mehr als unzufrieden mit der
Situation. Es kostet sie ungeheuer viel Kraft, sich
selbst, ihre eigenen Bedürfnisse und Vorstellungen
aus der Arbeit herauszuhalten.

Ganz am Anfang hatte für sie dagegen die Beziehung
zu den Kindern im Vordergrund gestanden. Es gelang
ihr gut, die Arbeit mit den Kindern gemeinsam zu entwickeln, ihre Bedürfnisse zu spüren und auf sie ein-

zugehen. Die Kinder liebten sie dafür, daß sie ernst genommen wurden und soviel in das Geschehen eingreifen konnten.

Bis Natascha A. sich an einem Elternabend völlig überraschend in einen heftigen Streit verwickelt fand. Einige Eltern erwarteten schon seit längerer Zeit, daß ihre Kinder konzentriert auf die Schule vorbereitet würden. Sie hofften auf Arbeitshilfen, in denen Übungen gemacht würden, die das Schreiben später erleichtern sollten. Sie wollten, daß ihre Kinder an das lange Sitzen in der Schule gewöhnt würden etc. Derartige Diskussionen hatte Natascha A. schon zuvor immer wieder mit einzelnen Eltern führen müssen. Nun aber hatten sich die Eltern zusammengeschlossen und saßen der jungen Erzieherin als Front gegenüber. Natascha fühlte sich in dieser Situation völlig überfordert. Alle ihre Argumente wurden verdreht, sie hatte keine Möglichkeit, den Eltern ihren pädagogischen Standpunkt akzeptabel zu machen. Der Abend endete mit einem Streit, der für Natascha A. sehr verletzend war, da einzelne Eltern Einzelheiten ihres Privatlebens mit in die Diskussion einbrachten. Natascha A. wurde in dieser Situation so sehr mit ihren Ohnmachtsgefühlen konfrontiert, daß sie nicht mehr einschätzen konnte, was sie den Eltern zugestehen und an welcher Stelle sie sich wehren mußte. Mit einem Schlag waren alte, längst verarbeitet geglaubte Erlebnisse mit ihrem früheren Grundschullehrer wieder präsent, der sie für dumm gehalten hatte.

Am nächsten Tag beschloß Natascha A., daß ihr das nicht mehr passieren würde. Ohne genau zu verstehen, was am Elternabend geschehen war, begann sie, fundierte Argumente gegen die Eltern zu suchen und sich stark mit der Montessori-Pädagogik zu beschäftigen. Dabei stellte sie fest, daß sie ihren Ansatz, mit Kindern umzugehen, dort wiederfand.

Sie gab den Eltern erst einmal in bestimmten Punkten nach und arbeitete die nächsten zwei Jahre nur daran, ihnen das pädagogische Modell nahezubringen, was ihr auch gelang. Trotz des großen Erfolges stellte sich der ungetrübte Spaß an der Arbeit nicht wieder ein.

Im nachhinein versteht Natascha A., daß sie sich selbst vor weiteren Verletzungen schützen wollte und deshalb die Theorie wie ein Bollwerk vor sich stellte. Ihr ist klar, wie sehr der Elternabend sie an alte Minderwertigkeitsgefühle erinnert hat, wie schmerzlich es war, für dumm gehalten zu werden, nur weil sie einen anderen Lernzugang hatte, als es ihr Grundschullehrer für normal hielt.

Nach dem Elternabend glaubte sie, sie würde handlungsunfähig werden, wenn sie die alten und neuen Gefühle der Verletzung herausließe. Sie unterdrückte die heftigen Gefühle mit viel Kraft und konnte es sich nun nicht mehr leisten, mit den Kindern in eine emotionale Beziehung zu treten, weil sonst die Schleusen geöffnet worden und ihre ungewollten Gefühle offen zutage getreten wären. Deshalb wirkte sie nach außen kühl und unnahbar.

Das Reflektieren der eigenen Situation erst gibt Natascha A. die Möglichkeit, sich dem „sensibleren Teil" in ihr wieder anzunähern und die alten Kränkungen zu verarbeiten. Nach und nach kann sie ihre große berufliche Kompetenz wieder mit ihren Gefühlen in Verbindung bringen. Die Anstrengung nimmt ab, weil sie nichts mehr von der Arbeit fernhalten muß. Sie wird zufriedener und gewinnt damit auch an Sicherheit im Umgang mit Eltern. Sie ist frei zu entscheiden, daß ihre Arbeit gut und ihr eigenes pädagogisches Konzept ein durchdachter Leitfaden ist.

Das „unbekannte Erbe" aus der Kindheit war in diesem Fall, daß Natascha A. sich immer gegen die Zuschreibung wehren wollte, sie sei dümmer als andere. Die Kränkung war aber so groß, daß sie sie sich nicht bewußt machen konnte, solange sie sich selbst ihrer Fachlichkeit nicht sicher war und sich selbst bewiesen hatte, daß sie nicht dumm war.

Das Bild der „Dummen" tragen viele Frauen in sich. Es herrscht immer noch in vielen (auch Frauen-) Köpfen vor, daß Frauen praktischer, emotionaler und diffuser in ihrem Denken veranlagt seien, während das analytische oder strukturierte Denken eher dem Mann zugeschrieben wird. Viele Eltern fördern auch heute noch die Mädchen vor allem in Haushaltsdingen, während die Jungen mit ihren Vätern „geistige Höhenflüge" unternehmen. Es ist nicht immer leicht, sich als erwachsene Frau von diesen Bildern zu lösen und sich selbst und anderen die eigene berufliche Kompetenz nicht immer wieder beweisen zu müssen.

Als Erzieherin erledigt „frau" die Arbeit einer Mutter. Die professionelle Anerkennung ist sehr gering, und so verknüpft sich das obengenannte Unterlegenheitsgefühl oft mit dem Gefühl, daß die eigene Arbeit keine Anerkennung findet, weil vermeintlich die professionellen Grundlagen fehlen. An diesem Punkt besteht die Gefahr, daß das Selbstwertgefühl ernsthaft leidet und eine Erzieherin bei jedem Konflikt auf eine frühere Kränkung zurückgeworfen wird, solange sie diese noch nicht für sich klären konnte.

Das Beispiel von Natascha zeigt deutlich, daß es sich bei einer solchen Klärung um eine erlernbare Fähigkeit handelt. Reflexionsfähigkeit und individuelle Entwicklung stehen in einem Wechselspiel zueinander. Erst wenn die vermeintlichen eigenen Defizite nicht mehr so bedrohlich sind, weil sie z. B. durch andere Fähigkeiten ausgeglichen werden, ist es möglich, sich mit den „ungewollten" Gefühlen und Erinnerungen auseinanderzusetzen. Mit anderen Worten: Erst als Natascha sich ihrer Kompetenz und ihres Wissens sicher ist, kann sie sich mit dem verinnerlichten Gefühl der eigenen Dummheit auseinandersetzen und es auflösen. In dem Moment, in dem ihr die Ursachen ihres Handelns klar sind, weiß sie, daß sie die alten Verteidigungsmuster nicht mehr braucht und in ihrer Arbeit wieder offen und vorbehaltlos agieren kann.

Heimliche Aufträge

Ein weiterer Aspekt des unbekannten Erbes unserer Kindheit ist das Ausleben heimlicher Aufträge, die uns unsere Eltern mit auf den Weg gegeben haben. Kinder spüren deutlich, welche großen Hoffnungen und Wünsche ihren Eltern versagt blieben und deshalb von diesen oft in sie gesetzt werden. Sie versuchen zumeist unbewußt, dieses Unglück der Mutter oder des Vaters zu mildern, indem sie deren Wunsch in ihrem eigenen Leben erfüllen.

Marlene B. hat eine Ausbildung zur Erzieherin gemacht und im Anschluß Diplompädagogik studiert. Sie brauchte viel Zeit, um eine Arbeit zu finden, die ihr Spaß machte. Auf Grund der hohen Qualifizierung waren ihr viele praktische Tätigkeiten unmittelbar mit Kindern versperrt, die ihren Vorstellungen am meisten entsprochen hätten. Lange Zeit arbeitete sie im Heim mit behinderten Menschen. Sie leitete einen Bereich und fand sich als Leiterin viel zu entfernt von der direkten Arbeit. Die machtvolle Rolle, die sie in ihrem Arbeitsfeld ausfüllen mußte, machte sie unzufrieden und unglücklich. Mit ihrer eigenen Mutter hatte sie deshalb immer wieder starke Konflikte. Diese warf Marlene B. vor, daß sie mit nichts zufrieden sei. Sie selbst hätte eine solche Chance gerne genutzt und habe mit Rücksicht auf die Kinder auf die eigene Karriere verzichtet. Marlene fühlte sich nach solchen Diskussionen immer schuldig und undankbar. Aber mit der Zeit fand sie in den Gesprächen mit der Mutter heraus, daß diese neidisch auf ihr Leben war, da sie den Traum ihrer Mutter verwirklichte. Sie war unabhängig und erfolgreich und hatte sich gegen eigene Kinder entschieden, um die Karriere nicht zu gefährden. Die Krise, die folgte, als Marlene B. begriff, daß sie nicht ihr eigenes, sondern das Leben ihrer Mutter lebte, war groß und schmerzhaft. Als sie sich aber von den Wünschen ihrer Mutter distanzieren konnte, wurden die eigenen Lebensziele für sie wieder spür- und greifbar – die Arbeit mit Kindern in einer Kindertagesstätte, die ihr auch ohne Studium viel Spaß gemacht hätte und die sie um der Karriere willen aufgegeben hatte. Auch die Frage nach eigenen Kindern stellte sich jetzt neu. Das Wichtigste für Marlene B. aber war, die Stellung aufzugeben und eine Leiterinnenstelle in einer Kindertagesstätte anzunehmen. Sie verdiente damit weniger, hatte weniger den Status und Ruf einer Frau, die Karriere macht, aber sie war glücklich mit ihrer Arbeit, weil diese ihrem Selbstbild entsprach.

Marlene B. hatte vermutlich nie die Chance, sich von ihrer Mutter zu distanzieren, um die eigenen Wünsche zu erkennen. Es kommt immer wieder vor, daß Mütter, die ihre Lebensplanung wegen eigener Kinder verändern (müssen) und sich damit nicht aussöhnen können, versuchen, ihr Glück in der Beziehung zu ihren Kindern zu finden oder aber die Lebensziele der Kinder mitzugestalten. Natürlich ist ihnen dieser Prozeß nicht bewußt.

Spüren Kinder, daß ihretwegen auf etwas Wichtiges verzichtet wurde, sind sie bemüht, Mutter oder Vater immer wieder dafür zu entschädigen. Sie können die Eltern erst dann „verlassen" (also unabhängig von den Eltern leben), wenn sie ihre „Schuld abbezahlt" haben und die Eltern zu verstehen geben, daß sie ausgesöhnt sind. Im obigen Beispiel konnte sich die Mutter von Marlene B. nicht mit der Situation ihrer Tochter abfinden, obwohl diese alles tat, um sie zufrieden zu stellen. Erst als ihr die eigene Unzufriedenheit mit ihrer Arbeit klar wurde, konnte sie von unausgesprochenen Forderungen ihrer Mutter abrücken und ihre eigenen Ziele verfolgen.

Auch in diesem Punkt sind Frauen besonders anfällig, dieses Erbe für sich in Anspruch zu nehmen. Sie bekommen von klein auf vermittelt, daß sie es sind, die in der Familie für Harmonie und Ausgleich zu sorgen haben. So lernen junge Mädchen schon sehr früh, auf die unausgesprochenen Wünsche der Eltern (Brüder, Freunde …) zu hören oder diese zu erahnen. So werden sie auch eher mit den unerfüllten Lebenszielen der Eltern konfrontiert. Es ist nicht immer die Mutter, die auf etwas verzichtet oder besondere Aufgaben für ihre Tochter hat, der „Auftrag" kann auch vom Vater oder den Großeltern kommen. Und es sind auch nicht nur Frauen, die diese erfüllen. Ich habe vor kurzem von einem Jungen gehört, der jeden Abend von seinem Vater eine Geschichte von „Michel aus Löneberga" vorgelesen bekam. Der Vater wollte gerne einen

Lausbub, und er bekam ihn! Manchmal einfallsreicher und konstenintensiver, als es dem Vater lieb war.

Unerfüllte Wünsche

Ein ganz anderer Aspekt kommt zum Tragen, wenn in der Arbeit Gefühle und Prägungen ausgelebt werden, die nicht unmittelbar mit der Arbeitssituation zu tun haben.

Bei Anna in der Gruppe ist Marc; ein kleiner stiller Junge, der eher schüchtern ist und sich häufig mit sich selbst beschäftigt. Wenn es Konflikte mit anderen Kindern gibt, zieht sich Marc zurück und versucht so, den Konflikt zu vermeiden. Anna ärgert das maßlos. Sie findet, Marc müsse sich auch unangenehmen Situationen stellen und dürfe nicht immer davonlaufen. Sie fürchtet, dieses Verhalten sei der Anfang davon, daß Marc später immer wieder vor der Realität weglaufen und Schwierigkeiten aus dem Weg gehen werde. So hat sie sich angewöhnt, Marc immer wieder damit zu konfrontieren und ihn nicht weglaufen zu lassen. Sie ist dabei oft wütend und erlebt sich selbst in diesen Situationen hart an der Grenze dessen, was in diesem Moment angemessen ist. Obwohl Anna für sich klare Absichten verfolgt, die sie pädagogisch untermauern kann, hat sie Marc gegenüber häufig ein unterschwellig schlechtes Gewissen.

Als sie an einem Seminar teilnimmt, kann sie es zuerst gar nicht formulieren. Es ist eher ein Gefühl, daß in dieser Beziehung etwas schiefläuft. Im Gespräch erkennt sie plötzlich den Zusammenhang. Ihr Vater hat sich während der gesamten Kindheit aus den familiären Konflikten herausgehalten. Immer wenn es Streit gab, flüchtete er in sein Arbeitszimmer, um noch dringende Arbeiten zu erledigen. Er stand ihr in Konfliktsituationen nie als Gegenüber zur Verfügung. Vor allem als Jugendliche fehlte ihr der männliche Partner, mit dem sie sich hätte auseinandersetzen können, um ihre eigene Position zu finden und sich von beiden Elternteilen zu distanzieren.

Dieser ursprüngliche Konflikt wird nun in der Begegnung mit Marc ständig wieder aktualisiert. Anna kann es nicht ertragen, daß Marc ihr in konflikthaften Situationen aus dem Weg geht, wie es ihr Vater getan hat. Den Streit ums Streiten führt sie nun stellvertretend mit Marc. Obwohl ihr die Hintergründe ihres Denkens und Handelns nicht bewußt sind, spürt sie deutlich, daß ihre Argumente nicht wirklich greifen und sie zu aggressiv auf Marc reagiert.

Erst in dem Moment, in dem sie sich dieses Zusammenhanges bewußt ist, kann sie gelassener mit Marc umgehen und ihn freundlich dabei unterstützen, sich stärker zu fühlen. Sie selbst fühlt sich entlastet und freier in der Beziehung, in der es sicherlich auch in Zukunft Konflikte geben wird, durch die aber sowohl Anna als auch Marc werden wachsen können.

Die alte Wut, die Anna in diesem Beispiel spürte, ist nur
ein Gefühl von vielen, die immer wieder aktiviert werden,
bis sie nicht mehr verdrängt, sondern verarbeitet sind.
Wir alle brauchen dieses Auflösen verschütteter Gefühle,
um mit uns ins reine zu kommen und entspannter und
ausgeglichener leben und arbeiten zu können. Wenn die
Kinder hingegen in der Arbeit als Projektionsfläche für
die eigenen unerfüllten Wünsche und Hoffnungen dienen, besteht die Gefahr, daß die wirklichen Bedürfnisse
der Kinder nicht mehr wahrgenommen werden können.

Für Beate F. konkretisiert sich dieses Thema in einer Su-
pervisionssitzung, der ein Streit im Team vorausging.
Ihre Kolleginnen haben sich im Laufe der letzten fünf
Jahre inhaltlich mit dem Situationsansatz auseinan-
dergesetzt und sich seit einiger Zeit dieser Arbeit geöffnet. Das bedeutete, daß Beate F. bestimmte Projekte
begleitete und nicht mehr in ihrer eigenen Gruppe alleine arbeitete. Beate F. litt darunter, ihre Kinder nicht
mehr ständig um sich zu haben und ein regelmäßiges
Angebot für sie vorzubereiten. Sie beklagte sich im
Team immer wieder über die Beziehungslosigkeit, die
mit der Öffnung in der Einrichtung entstanden sei.
Ihre Kolleginnen konnten diese Behauptung nicht
nachvollziehen. Sie betrachteten die Entwicklung und
Umsetzung des Konzeptes und auch die Reaktionen
der Kinder als Erfolg. Aber sie hatten an Beate F. einiges
zu kritisieren, und im Laufe eines Gespräches entwik-
kelte sich darüber ein heftiger Streit. Die Kolleginnen

warfen Beate F. vor, sie gängele die Kinder, schreibe bei den Bastel- und Werkarbeiten zuviel vor, und meinten, sie solle die Schablonen und Vorlagen endlich in den Müll werfen. Ihr wurde eingeräumt, die älteste Kollegin zu sein, für die der konzeptionelle Umbruch am schwersten sei, doch hätten sie gemeinsam beschlossen, neue pädagogische Wege zu gehen, und darauf solle sich Beate F. nun endlich einstellen.

Beate F. konnte sich ihren Kolleginnen nicht verständlich machen, weil diese im Gegensatz zu ihr in ihrer Arbeit viel Nähe zu den Kindern spürten. Für Beate F. war das gemeinsame traditionelle Basteln mit den Kindern eine vertraute Situation, in der die Kinder viel Bezug zu ihr hatten, weil sie viele Fragen klären mußte. Gingen die Kinder ihre eigene Wege, waren sie weit weniger auf Beate angewiesen, sie fragten weniger und hatten dementsprechend weniger Berührungspunkte mit Beate.

In der Teamsitzung wurde an dieser Stelle deutlich, daß für Beate F. die Beziehung mit den Kindern nur im direkten Kontakt erlebbar war. Die Kolleginnen entspannten sich, weil dadurch die Konzeption nicht mehr in Frage gestellt war, und sie bemühten sich sehr, Beate F. in ihrer Suche nach den Hintergründen ihres Verhaltens zu unterstützen. Beate F. wurde dabei bewußt, daß sie sich von ihren Eltern als Kind sehr allein gelassen gefühlt hatte. Ihre Familie lebte in eher ärmlichen Verhältnissen, und ihre Mutter arbeitete in vielen anderen Familien als Haushaltshilfe. Beate F.

war dementsprechend viel allein und fühlte sich vernachlässigt. Nähe zu den Eltern spürte sie nur dann, wenn gemeinsam der Haushalt erledigt, am Sonntag gemeinsam etwas unternommen wurde oder wenn die Hausaufgaben kontrolliert wurden. Ihre Eltern konnten ihr nicht das Gefühl vermitteln, geliebt zu sein, auch wenn sie körperlich nicht anwesend waren. Beate hat so gelernt, daß eine Beziehung nur im unmittelbaren Kontakt möglich ist. So fällt es ihr schwer, die Kinder gehen zu lassen und sie nicht immer direkt neben sich zu haben, zumal sie ein großes Nachholbedürfnis an Liebe und Zuneigung hat.

Zudem will sie verhindern, daß sich ihre Kinder jemals so ungeliebt fühlen wie sie als Kind. Sie will ihr eigenes Schicksal an den Kindern, mit denen sie arbeitet, wiedergutmachen. Dabei kommt sie in dem Moment in Schwierigkeiten, als sie einem pädagogischen Konzept folgen soll, das ihren eigenen und privaten Interessen völlig widerspricht. Erst durch die Auflösung der Hintergründe kann Beate F. sich auch innerlich für den Situationsansatz entscheiden und neue Erfahrungen mit Beziehungen zu Kindern machen.

Die Gefahr ist groß, in der Arbeit mit Menschen die eigenen Bedürfnisse auf die anderen zu übertragen, zumal es in diesem Beruf ein wesentlicher Aspekt ist, die Bedürfnisse des anderen zu erkennen und sie in die Arbeit einfließen zu lassen. Verhindern kann eine Erzieherin die

Verquickung der eigenen Wünsche und der der anderen nur, wenn sie sich ihrer eigenen Bedürfnisse bewußt ist. Es gilt herauszufinden, wo sie noch Gefühle „aufholen" muß, um zufrieden zu sein. Zur Verdeutlichung sei ein Bild verwendet: In jedem Menschen stehen bei der Geburt viele Eimer. Diese sind zum Teil voll und zum Teil nur mit einer Pfütze gefüllt. Wenn ein Kind aufwächst und der Eimer für die Liebe der Eltern nicht gefüllt wird, versucht der Erwachsene später immer wieder Menschen zu treffen, die diesen Eimer füllen. Sie können es aber nicht, weil der Eimer ausschließlich für die Liebe der Eltern bestimmt ist.

Die einzige, die bei obigem Beispiel den Eimer füllen kann, ist Beate selbst. Sie kann sich die Liebe ihrer Eltern mit all ihren Defiziten bewußt machen und so den Eimer füllen beziehungsweise ihn als „voll genug" betrachten. Wir tragen alle mehr oder weniger gefüllte Eimer mit uns herum. Wichtig ist, sie zu kennen, um nicht unbewußt in der Arbeit den eigenen Eimer in die Mitte zu stellen, sondern den Kindern diesen Platz zu lassen, was trotzdem bedeuten kann, daß sich mancher eigene Eimer dabei füllt.

Abwehr

Gerade das Gegenteil ist bei den unterschiedlichen Formen der Abwehr der Fall. Hier versucht ein Mensch, sich nicht an die eigenen Bedürfnisse zu erinnern, sondern behauptet fest, daß ihn das Thema oder eine ihm bedrohlich erscheinende Situation emotional nicht sehr berühre. Das ist wiederum kein bewußter Vorgang. Der Konflikt und das hinter ihm stehende Bedürfnis sind in bestimmten, konkreten Situationen so bedrohlich für die eigene psychische Konstellation, daß sie auf keinen Fall zugelassen werden dürfen, ohne daß der Betroffene Schaden davontragen würde. Das heißt, diese Abwehr hat eine wichtige und lebenserhaltende Funktion und könnte aufgegeben werden, wenn sich die Situation aufgelöst hat. Da derart starke und ungewollte Gefühle aber allgemein ungern zugelassen werden, auch wenn keine „bedrohliche" Situation besteht, muß die Abwehr aufrecht erhalten bleiben.

Seit längerem leidet Katharina S. unter ständigen Magenschmerzen. Es ist ihr klar, daß ihr etwas auf den Magen schlägt, aber sie kann sich beim besten Willen nicht vorstellen, was das sein könnte. Sie arbeitet in einem guten Team und mit netten Kindern, ist in ihrer Arbeit anerkannt, und im privaten Leben fühlt sie sich geborgen und wohl.

Seit einiger Zeit finden im Team kontinuierliche Gespräche statt, die in einer neuen Konzeption münden sollen. Katharina S. erlebt diese Gespräche als fruchtbar und voranbringend. Der Praktikantin allerdings gehen die Diskussionen, die sich immer im Kreis drehen, auf die Nerven. Als sie das in einer Teamsitzung anspricht, geht Katharina S. sofort auf die Praktikantin los, argumentiert alles nieder und verteidigt den Austausch so heftig, daß die anderen Kolleginnen stutzig werden. Sie stoppen Katharina S. und versuchen den Hintergrund ihres Verhaltens zu erfahren. Katharina S. hat keine Ahnung, warum sie so heftig reagiert hat, und verspricht, der Sache und sich selbst auf den Grund zu gehen.

Im Laufe der nächsten Zeit beobachtet Katharina S. sich und ihre Gefühle aufmerksamer. Sie merkt, daß die Magenschmerzen zunehmen, wenn im Team Konflikte entstehen. Auf einmal hat sie Angst vor den konzeptionellen Gesprächen, an denen sie bisher mit Übereifer beteiligt war. Ganz langsam begreift sie, daß sie in Wahrheit eine Riesenangst vor Konflikten hat und überhaupt nicht die Kämpferin ist, für die sie sich gehalten hat. Im Grunde ist sie immer bemüht, die Eskalation eines Streites zu verhindern.

Erst nach einem Gespräch mit ihrer Mutter versteht Katharina S. den Hintergrund ihres Verhaltens. Ihr leiblicher Vater, von dem sich die Mutter früh trennte, war ausgesprochen aggressiv, und Katharina S. war als kleines Kind oft Zeugin gewalttätiger Szenen. Diese Situationen hatte sie aber völlig verdrängt und war sich später nur selten bewußt, daß ihr Vater eigentlich ihr Stiefvater war. Da Katharina S. sich mit ihm gut streiten konnte, hatte sie keinen Anlaß über ihre eigene Streitkultur nachzudenken. Erst als die Praktikantin bei der Arbeit den Konflikt von der inhaltlichen Ebene (auf der sich Katharina S. sicher fühlte) auf die Beziehungsebene (die für sie bedrohlich war) und die Streitkultur im Team lenkt, wird deutlich,

wie sehr Streitsituationen für Katharina S. ein Problem
darstellen. Durch die Auseinandersetzung wird Katharina S. der feste Boden unter den Füßen entzogen, und sie
versucht, schnell wieder auf die inhaltlichen Zusammenhänge zu verweisen.

Im nachhinein ist Katharina S. dem Team dankbar, ihr an
dieser Stelle Widerstand geleistet zu haben. Ihre Magenschmerzen lassen nach, seit sie ihrer Angst Raum gibt
und sie nicht verdrängt. Katharina S. lernt nun Stück für
Stück, daß die Auseinandersetzungen im Team nicht bedrohlich für sie sind, und kann fortan ohne Bauchschmerzen mit dem Team gemeinsam um eine neue Konzeption ringen.

Autoritätsbilder

Solche Auflösungen innerer Konflikte oder Probleme verlangen ein gutes Team, in dem jede Kollegin bereits einige
Reflexion über das eigene „innere Kind" und die Arbeit
geleistet hat. Besonders wichtig ist für jede Teamarbeit,
die eigenen Autoritätsbilder zu überprüfen. Andernfalls
ist es möglich, daß Ihnen immer dann die Argumente
ausgehen, wenn die Leiterin der Einrichtung dabei ist,
obwohl Sie sonst keine Schwierigkeiten haben, Ihre Ansätze und Vorstellungen zu vertreten. In einem solchen
Fall läßt die Anwesenheit einer Autorität alle Kompetenzen schwinden. Es ist aber auch nicht selten, daß die Autoritäten regelrecht angegriffen werden müssen, um die
eigene Unsicherheit zu überdecken.

Cornelia K. hat eine gute Stellung als Erzieherin in einer Kindertagesstätte. Nur die Beziehung zur Leiterin der großen Einrichtung gestaltet sich schwierig. Diese ist freigestellt und mit so vielen Dingen beschäftigt, daß es wenig Berührungspunkte zwischen ihr und Cornelia K. gibt. Die Kolleginnen führen Teambesprechungen in der Regel alleine durch, und nur einmal im Monat kommt die Leiterin dazu. Sobald sie anwesend ist, hat Cornelia K. die Angewohnheit, alles, was die Leiterin sagt und macht, ins Lächerliche zu ziehen. Die Kolleginnen finden ihren Spaß daran und stacheln so Cornelia K. immer wieder an. Die Leiterin dachte sich zuerst, dies sei ein Kompliment an ihren kollegialen Führungsstil. Erst mit der Zeit entdeckt sie in den Witzeleien Mißachtung und konfrontiert Cornelia K. in einer Art und Weise mit dieser Einschätzung, die es ihr ermöglicht, in das Gespräch einzusteigen.

Schnell wird klar, daß Cornelia K. große Angst vor der Leiterin hat. Um diese nicht so bedrohlich erscheinen zu lassen, macht sie sie „kleiner", indem sie Witze über sie reißt. Sie hat dabei einen so guten Stil entwickelt, daß die anderen Kolleginnen und auch die Leiterin darüber lachen können, und verschafft sich so an Punkten, an denen ihr eigentlich bange ist, eine große Anerkennung.

Cornelia K. sucht einige Tage nach der Ursache dieser Angst vor der Leiterin, für die es gar keinen Anlaß gibt. Langsam wird ihr klar, daß die Leiterin sie immer wieder an ihre Grundschullehrerin erinnert, die immer

an die Partnerschaftlichkeit im Umgang miteinander
appelliert hatte, zugleich aber selbst immer wieder
unbeherrscht und streng gewesen war. So war für
Cornelia K. nie klar gewesen, wann sie in die Schußli-
nie der Attacken ihrer Lehrerin geraten würde.

Die frühere Angst vor ungerechter oder zu übertriebener
Strafe hat Cornelia K. den direkten Zugang zur Leiterin
ihrer Einrichtung versperrt. Sie braucht die Scherze, um
die bedrohliche Macht kleiner zu machen und nicht
ständig die Angst spüren zu müssen.

Erst als Cornelia K. die Leiterin als von der Lehrerin
unabhängige Person sehen kann, darf diese eine Autorität
sein, die für die Einrichtung wichtig, aber auch keine
Überperson ist.

Alle Menschen haben ihre Erfahrungen mit Autoritäten
gemacht. In Lernsituationen oder auch in Hierarchie-
strukturen tauchen diese Erfahrungen immer wieder auf.
In Situationen, in denen Sie sich eingeengt, gehemmt
oder auch bedroht fühlen, ist es notwendig zu überprüfen, welcher Autoritätskonflikt möglicherweise aktualisiert wird und unnötige Befürchtungen auslöst.

Es kommt häufig vor, daß Menschen in Institutionen und
im Arbeitsumfeld die Auflösung alter familiärer Konflikte
suchen. Das macht die Arbeit im Team oft so schwer. Bestimmte Betriebsstrukturen oder Institutionen scheinen
Menschen anzuziehen, die ähnliche oder sich gegenseitig

ergänzende innere Interessen haben. So kommt es vor, daß Kolleginnen die Rolle von Geschwistern übernehmen, der Leitung kommt vielleicht die Rolle der Eltern zu, und zudem übernehmen die Erzieherinnen den Kindern gegenüber noch eine Art Elternrolle. Die Konflikte, die aus diesen Rollenstrukturen entstehen, sind oft sehr subtil, d. h., sie werden versteckt gelebt.

Martina ist die jüngste Mitarbeiterin in einer Kindertagesstätte. Sie hat fünf Kolleginnen und eine Leiterin, die nicht im Gruppendienst tätig ist. Martina fällt auf, weil sie theoretische Ansätze und Verstehensweisen im Kopf hat und mit Zitaten umgehen kann. Die anderen Kolleginnen schätzen das sehr, da Martina vor allem in Diskussionen mit Eltern gut argumentieren kann und sie die Eltern mit ihrer Kompetenz beeindruckt. Allerdings ist sie in der konkreten Arbeit mit Kindern nicht so engagiert, was manchmal bei den Kolleginnen zu Ärger führt. Die Leiterin der Kita nimmt die brodelnden Konflikte deutlich wahr und interpretiert sie als Rangeleien, wer was könne. Sie bestimmt, daß dieses Thema in der nächsten Teambesprechung auf den Tisch kommt.

Bei der Besprechung zeigt sich dann nach einer anfänglichen Ablehnung des Themas, daß es den Teilnehmerinnen vor allem darum geht, auf wessen Seite die Leiterin stehen würde: auf der der „Praktikerinnen" oder jener der „Theoretikerin". Die Leiterin hütet sich, ein Urteil abzugeben und weist darauf hin, daß in

einer professionell arbeitenden Kindertagesstätte beide Teile gefragt sind und hoch bewertet werden. In
Martina steigt sofort Zorn auf, den sie aber einordnen
kann. Ihre Mutter reagierte früher immer mit besonders viel Lob und Anerkennung, wenn Martina theoretische Kenntnisse erlangt hatte. Das praktische Tun
hingegen wurde vom Elternhaus nicht eingefordert
und auch nicht bewertet. Martina mußte zum Beispiel
nie bei der Hausarbeit helfen, sondern sollte in der
Zeit lieber ein gutes Buch lesen und etwas lernen. Sie
entwickelte sich zur Musterschülerin, und die Eltern
waren sehr enttäuscht, als Martina „nur" Erzieherin
werden wollte.

In der Folgezeit war diese Prägung eigentlich nicht problematisch, nur konnte Martina in dem praxisorien-
tierten Beruf nicht mehr die Anerkennung erfahren,
die sie von der Mutter erfahren hatte und die sie nun
von der Leiterin wollte. Also versuchte Martina, zur
Fachfrau der Fachfrauen zu werden und damit die Leiterin zu beeindrucken und die Kolleginnen – wie Geschwister vor der Mutter – schlechter dastehen zu lassen. Die Leiterin hat dieses „Spiel" nicht mitgemacht,
sondern verdeutlicht, daß es nicht um Bevorzugung
gehe, sondern darum, die Stärken und Schwächen jeder
einzelnen zu sehen. Im Miteinander liege die Chance
und nicht in der Unterscheidung einer „wichtigen"
Kompetenz von einer „unwichtigen".

Haben Menschen in ihrer Familie keine ausgeglichenen Machtverhältnisse und „Rangordnungen" erfahren, fällt es ihnen oft schwer, im Berufsleben auf eine deutliche und klare Rangordnung zu verzichten, die ihnen Sicherheit gibt. Im Erzieherinnenberuf, der eine starke Teamorientierung verlangt, ist es besonders wichtig, ein solches Problem für sich oder auch in offenen Gesprächen im Team anzugehen, zu reflektieren und somit einer möglicherweise angespannten Situation entgegenzuwirken.

Immer dann, wenn ein Mensch sich darüber bewußt wird, welchen Teil seiner Geschichte er im Moment auslebt, verliert das „unbekannte Erbe" ein Stück seiner oft belastenden oder bedrohlichen Bedeutung. Vermutlich kann nie alles aufgedeckt werden, was die eigene Geschichte und Entwicklung ausmacht, und vermutlich trägt auch das Vergessen zum Teil zur psychischen Gesundheit bei, doch je mehr vergangene Situationen, Ängste, Kränkungen etc. bewußt sind, desto weniger dringen sie auf versteckten Pfaden und mit schwer einschätzbaren, oft problematischen Folgen in die Arbeit ein. Erzieherinnen gelangen so zu einer Freiheit in ihrem Handeln, das nicht durch vergangene Erlebnisse gefesselt ist, entwickeln eine professionelle Identität und Sicherheit in ihrem Tun, weil die berufliche Orientierung nicht mehr an eigene Defizite, sondern an eigene Stärken anknüpft.

Leitmotive

Die vorangegangenen Beispiele haben deutlich gemacht, wie das „innere Kind" in uns allen agiert, um weiteren Kränkungen aus dem Weg zu gehen oder alte Verletzungen nicht wieder spüren zu müssen. Im folgenden werden Leitmotive vorgestellt, die in der Kindheit verinnerlicht werden und den späteren Lebensweg, das Menschenbild und den Umgang mit Menschen in großem Maße prägen. Vielleicht kennen auch Sie Leitmotive, die ähnlich und vielleicht auch Ihnen Prinzip Ihres Handelns sind oder Sie schon immer genervt, abgestoßen oder gar bedroht haben. Natürlich finden sich die folgenden Leitmotive auch in anderen Formulierungen und Bildern und mit anderen Gewichtungen und Nuancen.

Diese Vorstellungen beeinflussen solange unbewußt das Handeln und die Sichtweise eines Menschen, wie sie nicht reflektiert werden und sich keine neuen Denkmuster durchsetzen können. Reflexion meint hier eine Auseinandersetzung im kognitiven und im emotionalen Bereich. Erst wenn ich verstanden habe, wer mir in welcher Situation diesen oder jenen Leitsatz mitgegeben hat, kann ich die Situation auch emotional auflösen und mir dann überlegen, welcher Teil des Leitmotives denn wirklich angebracht ist und meinem derzeitigen Bewußtsein und meiner inneren Einstellung entspricht.

Viele dieser Leitmotive sind als Sprichwörter literarisch formuliert bzw. überliefert worden. Einige werden heute eher als ironische Bemerkung gewertet und verwendet oder aber vermieden, weil sie antiquiert wirken, und doch sind sie für viele Erwachsene ein Leitmotiv und wirken unbewußt weiter. Direkt oder indirekt steht hinter diesen, auf den ersten Blick oft harmlos wirkenden Aussagen ein bestimmtes Menschenbild. Eine genauere Untersuchung dieser „Sprichwörter" kann so vielleicht auch Ihnen bei der Suche nach Ihrem „inneren" Kind und dem in Leitsätzen festgeschriebenen, „unbekannten Erbe" Ihrer Kindheit helfen.

Bei den folgenden Ausführungen wird die geschichtliche Herkunft der Sprichwörter nicht berücksichtigt, obwohl diese Betrachtung zeigen würde, daß einzelne Sätze zu ihrer Zeit ihre Berechtigung hatten. Für das Thema dieses Buches ist eine solche Untersuchung aber nicht relevant.

„Geben ist seliger als nehmen."

Wörtlich verstanden: Es ist besser, etwas herzugeben als etwas von anderen zu nehmen. Kindern wird dieser Satz häufig in Zusammenhang mit Spielzeug gesagt. Es ist immer besser, das Auto, mit dem man gerade spielt, einem anderen Kind zu überlassen, als selbst weiterzuspielen. Seliger hat dabei einen religiösen Hintergrund: Alles, was wir hier für andere tun, wird uns später im Jenseits zugute kommen. Besonders Mädchen wird dieser Satz eingeschärft, da sie zumindest nach den herkömmlichen Rollenmustern als Frau für das Wohlbefinden der Familie zuständig sein werden.

Haben Sie diesen Satz verinnerlicht, haben Sie vermut-

lich häufig ein schlechtes Gewissen, wenn Sie für sich
selbst etwas einfordern. Menschen, die im Geben an sich
einen moralischen Wert sehen, kämpfen mitunter sehr für
die Rechte der anderen. In bezug auf die Arbeit einer Erzieherin kann das heißen, daß die Kinder an erster Stelle
stehen und die eigenen Bedürfnisse oft nicht einmal mehr
gespürt werden. Wenn die eigenen Grenzen dabei auf
Dauer und immer wieder überschritten werden, werden
Sie sich leicht ausgelaugt und überfordert fühlen, obwohl
Sie faktisch nicht mehr als früher tun. Warum aber sollen
die eigenen Bedürfnisse nicht auch ihre Berechtigung haben? Es ist wichtig zu lernen, daß die eigenen Wünsche
und die der anderen durchaus gleichberechtigt sein können und daß immer wieder abgewogen werden muß, was
für alle gerade das beste ist. Sie müssen es sich selbst wert
sein!

„Wer im Glashaus sitzt, soll nicht mit Steinen werfen."

Hinter diesem Sprichwort steht nicht selten der Appell an
eine grenzenlose Toleranz. Bei aller Notwendigkeit einer
toleranten Grundhaltung, hat aber jede Toleranz auch
ihre Grenzen. Das gilt vor allem in einem pädagogischen
Beruf, in dem Sie immer wieder gefordert sind, mitzuent-
scheiden, wie der Weg eines Kindes weitergestaltet werden soll. Haben Sie beschlossen, andere Menschen nicht
zu kritisieren, solange Sie selbst noch nicht vollkommen
sind, nehmen Sie sich und anderen Menschen die Chance, gemeinsam zu lernen.

Gleichzeitig besteht die Gefahr, daß eine Erzieherin einen verhängnisvollen Perfektionismus entwickelt, der es ihr schwermacht, jemals mit der eigenen Arbeit zufrieden zu sein, da alles immer noch ein Stück besser gehen kann. Die Folge ist, daß sie ihre fachliche Kompetenz versteckt, die anderen – Kindern und Eltern – bei ihrer Entwicklung oder in bestimmten Situationen helfen könnte. Damit verhindert sie zugleich mögliche Anerkennung für ihre Ratschläge und die damit verbundene eigene Zufriedenheit.

Das Wissen um die eigene Fehlbarkeit kann gerade in Streitsituationen hilfreich sein, da Ihr Gegenüber spürt, daß Sie nicht auf dem hohen Roß sitzen und vorschnell urteilen.

„Hochmut kommt vor dem Fall."

Dieses Sprichwort wird oft in einer Situation verwendet, in der jemand stolz auf eine bewältigte Aufgabe oder ein Ergebnis ist und andere an seinem Glück teilhaben lassen möchte. Mal ehrlich: Wenn Sie viel geleistet haben, schweigen Sie dann lieber? Was wollen Sie damit verhindern? Den Neid der anderen? Oder die genauere Untersuchung Ihrer Fähigkeiten? Wer nicht behauptet, etwas gut zu können, wird auch nicht kritisiert, wenn das Ergebnis doch nicht so gelungen ist.

Aber Sie werden dann auch keine Anerkennung für Ihre „Meisterwerke" erfahren. *Was* eine sehenswerte Leistung ist, bestimmen Sie selbst. Aber Sie sollten damit nicht so sehr hinter dem Berg halten. Zu einer erfolgrei-

chen Elternarbeit gehört auch, die Eltern von den eigenen
fachlichen Fähigkeiten zu überzeugen und zu verdeutli-
chen, daß professionelle Arbeit geleistet wird. Eltern können nur dann überzeugt sein, wenn Sie es auch selbst bis
zu einem bestimmten Punkt sind. Bedenkt man, daß
auch Kindertageseinrichtungen mehr und mehr die Notwendigkeit einer gewissen Öffentlichkeitsarbeit erkennen,
gewinnt dieser Aspekt, die eigenen Leistungen darstellen
zu können, noch an Bedeutung.

„Was Hänschen nicht lernt, lernt Hans nicht mehr."

Dieser Satz geht auf eine alte Binsenweisheit zurück und
besagt, daß Erwachsene nichts mehr lernen können (und
vielleicht auch nicht müssen). Dementsprechend sollen
Kinder von Anfang an zum Beispiel Umgangsformen, Mo-
ral und fachliches Wissen lernen, damit sie später nicht
„dumm" dastehen.

Wenn Sie diesen Satz verinnerlicht haben, werden Sie
selbst vermutlich Berührungsängste mit neuen Themen
oder technischen Geräten haben. Manche Frauen trauen
sich zum Beispiel nicht zu, das Arbeiten mit Computern
noch zu erlernen. Sie glauben, dieser Zug sei abgefahren,
und beruhigen sich vielleicht damit, daß es auch nicht
nötig sei. Ist es auch nicht grundsätzlich. Aber es ist ein
Unterschied, ob Sie sich dagegen entscheiden, weil Sie
glauben, ohne Computer genausogut zurechtzukommen,
oder ob Sie es tun, weil Sie sich nicht für lernfähig genug
halten und Ihre Kolleginnen, die es können, bewundern.

Im Hinblick auf die Arbeit einer Erzieherin bedeutet der Satz auch: Kinder müssen alles lernen, was sie später zum Leben brauchen und dürfen nicht selbst bestimmen, in welchem Tempo sie ihre Themen bewältigen und Lernfortschritte machen. Nicht nur für die Kinder keine erfreuliche Perspektive, auch für Erzieherinnen bedeutet diese Einstellung eine große Anstrengung und Verantwortung. Kindern ihr eigenes Lerntempo zu lassen – und das heißt, daß manche Fähigkeit vielleicht nicht zu einem bestimmten Zeitpunkt entwickelt wird – kann eine Erzieherin insofern entlasten, als sie nicht für alle Entwicklungen der Kinder verantwortlich ist.

„Der Apfel fällt nicht weit vom Stamm."

Der Apfel ist das Kind, der Stamm die Herkunftsfamilie: Wenn der Vater ein Säufer ist, trinken die Kinder auch; wenn der Vater Professor ist, werden es die Kinder auch …

Hätte dieser Satz Gültigkeit, wäre das ein hartes Erbe, da Sie niemals für sich entscheiden könnten, was wirklich Ihr beruflicher oder Ihr privater Weg ist. Bei der Arbeit müßten Sie die Kinder nach den Eltern beurteilen und könnten weder die eigenen Fähigkeiten noch die der Kinder erkennen. Sie wären damit in einem Erbe gefangen, das von ihren Bezugspersonen stammt, und wären nicht frei, für sich selbst zu entscheiden.

Im Grunde wissen wir alle, daß Kinder über ihre Eltern hinauswachsen können, wenn man sie läßt. Und es gibt Kinder, die die von den Eltern gesteckten Ziele nicht

erreichen können. Kinder werden von der Familie geprägt, aber nicht in ihren Entwicklungsmöglichkeiten
von Haus aus begrenzt bzw. vorbestimmt. Trotzdem ist
es möglich, daß sich die hinter dem Sprichwort stehende
Vorstellung immer wieder durch ein Hintertürchen ein-
schleicht. So kann es passieren, daß man dem einen
Kind seinen „Grips" leicht abnimmt, da sein Vater Professor ist, während man sich angesichts der Intelligenz eines
anderen Kindes doch eher (angenehm) wundert, da das
Elternhaus vielleicht ein weniger guter Nährboden für
derartige Fähigkeiten zu sein scheint. Die dahinterstehende Erwartungshaltung macht es einem Kind schwer oder
gar unmöglich, sich anders zu entwickeln, weshalb wir
uns diese Gefahr immer vergegenwärtigen sollten.

„Reden ist Silber, Schweigen ist Gold."

Schweigen ist manchmal angebracht, aber es gibt viele Situationen in unserem Leben, in denen Reden besser ist.
Betrachtet man die deutsche Geschichte, ist es besonders
unverständlich, daß dieses Sprichwort immer noch kur-
siert, nachdem im Dritten Reich praktisch ein ganzes
Volk geschwiegen hat. Und das war mit Sicherheit nicht
Gold wert.

Bei der Arbeit mit Kindern ist das Abschätzen zwischen Reden und Schweigen häufig ein Problem. Sollen
Eltern auf mögliche Spuren von Schlägen an ihrem Kind
angesprochen werden? Oder macht das die Situation nur
noch schlimmer?

Wenn Sie gelernt haben, zu schweigen und ihre Dinge für sich zu behalten, wird es Ihnen schwerfallen, sich einzumischen. Es ist ein Spagat zwischen dem schlechten Gewissen, nichts zu unternehmen, nicht zu helfen, und dem inneren Anspruch, ein „braves Kind" zu sein und den Mund zu halten. In manchen Situationen mag Zurückhaltung angemessen sein, doch sollten Sie sich klar sein, daß Sie in Ihrer Arbeit Fachfrau sind, die auf Grund ihres geschulten Blickes erkennen kann, wann es notwendig ist, sich einzumischen, und wann nicht. Ein allgemeines Schweigegebot ist im verantwortungsvollen Erzieherinnenberuf, bei dem es unmittelbar um das Wohl von Menschen geht, fehl am Platz.

„Der Zweck heiligt die Mittel."

Ein Sprichwort, das Mißbrauch Tür und Tor öffnet. Wenn ein Kind immer wieder die Regeln der Eltern übertritt und ihnen nicht folgt, bekommt es eine Tracht Prügel. Der Zweck, das Kind endlich zu einem vernünftigen Menschen zu formen und im eigenen Sinne zu erziehen, heiligt die Prügel, und schon ist nach diesem Sprichwort das zweifelhafteste Verhalten gerechtfertigt. Das Darlegen von Gründen und Erklärungen, warum man etwas macht, entfällt bei dieser Sicht der Dinge.

Wenn Sie mit diesem Leitsatz groß geworden sind, konnten Sie vermutlich nie verstehen, warum in Ihrer Familie bestimmte Dinge so und nicht anders gehandhabt wurden. Das durchaus gutgemeinte Ziel, ein Kind zu einem lebenstüchtigen, glücklichen Menschen zu formen, rechtfertigt jedes Verhalten.

Übernimmt eine Erzieherin diesen Blickwinkel unreflektiert, kann es sein, daß sie den Kindern überhaupt keine Erklärung für ihr Tun gibt oder umgekehrt versucht, so „durchsichtig" wie möglich zu sein. Es besteht die Gefahr, in den Augen der Kinder und Kolleginnen willkürlich zu erscheinen und auch andere für willkürlich zu halten.

In einem solchen Fall ist es sinnvoll, sich selbst Erklärungen für kleine Alltagshandlungen zu geben und dies nach und nach auch auf die pädagogische Haltung auszuweiten. So kann die Beziehung zu den Kindern und Kolleginnen vom Verdacht der Willkür befreit werden.

„Ein Indianer kennt keinen Schmerz."

Ein Satz, den sicherlich eher Männer in ihrer Kindheit gesagt bekommen haben, doch begegnet auch Erzieherinnen immer wieder das dahinterstehende Bild: Stolz, stark und hart ist ein Mann. Jungen müssen früh lernen, Gefühle von Schwäche, Schmerz oder Angst zu verstecken, um zu vermeiden, für „Memmen" gehalten zu werden. Leider kann diese Einstellung bei Eltern so weit gehen, daß sie Sorge tragen, ihr Junge werde zur „Memme" oder „schwul", wenn sie ihn weinen ließen.

Wie sehen Sie die Jungen bei Ihrer Arbeit? Können Sie sie weinen sehen, ohne unterschwellig die Befürchtung zu entwickeln, einen Waschlappen zu erziehen? Gehen Sie mit weinenden Jungen oder Mädchen anders um?

Die hinter diesem Sprichwort liegende Vorstellung haben Erzieherinnen aber nicht nur in bezug auf die Arbeit mit Jungen. Auch Frauen neigen oft dazu, Gefühle zu verstecken und „hart" sein zu wollen. Es ist schwer, immer stark zu sein und seine Gefühle nicht zu zeigen. Das strengt an und erschwert auf Dauer Beziehungen sehr. Sicher machen auch Sie oft die Erfahrung, daß Ihre Kolleginnen ihre Schwächen und Ängste akzeptieren, wenn Sie sich ihnen diese nur zu zeigen trauen.

„Jeder ist seines Glückes Schmied."

Sie tragen eine hohe Verantwortung für sich selbst, wenn Sie diesen Leitsatz verinnerlicht haben. Es fällt dann schwer, sich ohne Einschränkung zu entspannen und eine Situation bzw. Angelegenheit anderen mit der Gewißheit zu überlassen, daß diese sie regeln werden. Die Kraft, die es kostet, immer für alles alleine verantwortlich zu sein, ist groß. Der nächste Schritt muß immer genau erwogen werden, und Fehler dürfen kaum sein. Auch fällt es schwer, auf Hilfsangebote von anderen zurückzugreifen, wenn nur das eigene Handeln dieser Vorstellung gerecht werden kann.

Das kann so weit gehen, daß Sie sich, wenn etwas im Leben schiefgeht oder Sie sich in Ihrem Team zum Beispiel nicht wohlfühlen, allein die Schuld geben. Überhaupt kommt der Frage von Schuld und Unschuld bei

dieser Einstellung besondere Bedeutung zu, auch wenn es
in vielen Situationen gar nicht um Schuldzuweisungen
geht. Sinnvoller ist es zu versuchen, die Hintergründe zu
verstehen, wie und warum es zu einer bestimmten Situation kommen konnte. Das heißt nicht, daß wir keinerlei
Eigenverantwortung haben, doch steht nicht hinter jedem
Mißgeschick ein persönliches Scheitern.

Wenn Sie bei dem einen oder anderen angesprochenen
Sprichwort eine Resonanz in sich gespürt haben, hatten
Sie vielleicht Kontakt mit Ihrem „inneren Kind" oder
wie auch immer Sie dieses bekannte und unbekannte
Erbe Ihrer Kindheit bezeichnen wollen.

Besonders prägend sind hierbei die ersten sechs Jahre
im Leben eines Menschen. Vieles von dem, was einem
als Kind direkt oder indirekt über die Menschen vermittelt wurde, prägt noch im Erwachsenenalter den Umgang
mit anderen. In der Pubertät unterstützen sich Jugendliche gegenseitig bei dem Versuch, mit den bisherigen
Normen und Werten zu brechen und eigene zu entwik-
keln. Dabei kehren sie nach einigen Versuchen zum Teil
zu ihren alten Vorstellungen zurück, während andere
Aspekte für immer verworfen und die Normen und
Werte von anderen (der Peergroup, von Stars oder Ido-
len) übernommen werden. An diesem Punkt findet eine
bewußte Entscheidung für oder gegen ein Menschenbild
statt, die es möglich macht, sich später, wenn eine weitere innere Entwicklung stattgefunden hat, wieder für neue
Vorstellungen zu entscheiden oder die alten weiterzuentwickeln.

Unterschwellig und unterbewußt aber arbeitet das geheime Erbe weiter, das nur durch reflektiertes Handeln und den Austausch mit anderen nach und nach aufgedeckt und verändert werden kann. Dazu finden Sie in Kapitel 4 noch einige Vorschläge.

2.2 Kulturelle und gesellschaftliche Einflüsse

Neben den individuellen Erfahrungen prägen auch gesellschaftliche und kulturelle Faktoren unser Menschenbild und den Erziehungsstil. An dieser Stelle soll auf diese Hintergründe nur kurz eingegangen werden, um die Zusammenhänge und ihre Bedeutung für das eigene Menschenbild aufzuzeigen.

In der westdeutschen Kultur hat sich in den letzten Jahrzehnten stark ein individualistisches Denken durchgesetzt, in das wir alle mehr oder weniger hineingewachsen sind und das unser aller Leben prägt. Das heißt nicht, daß kein Mensch im Westen der Republik mehr nach dem anderen schaut, doch die gemeinsame Sorge umeinander und um gesellschaftliche Aspekte oder auch den Staat spielt dennoch eine zunehmend untergeordnete Rolle. Diese Form der Eigenverantwortlichkeit und des Individualismus hat sich erst im Laufe der Geschichte entwickelt, wie im folgenden kurz skizziert wird.

Die Nachkriegszeit war bis in die sechziger Jahre von einer unpolitischen Haltung geprägt, die sich nahezu in der Sorge um den neugewonnenen Wohlstand erschöpfte. Nach den Entbehrungen der Kriegs- und Nachkriegszeit ging es in erster Linie darum, in Ruhe, Harmonie und Frieden zu leben und die Früchte des wirtschaftlichen Aufschwungs genießen zu können. Hinzu kam vielfach das Bemühen, die noch allzu nahe Vergangenheit zu verdrängen. In diesem scheinbaren Glück wuchsen Kinder heran, die von der Gesellschaft gesagt bekamen, sie sollten den vorgefundenen Reichtum genießen und die Politiker ruhig machen lassen. Die „Tunnelkinder" wurden sie genannt, weil die Wirtschaft sie im Grunde für die eigene Erhaltung und Weiterentwicklung nicht brauchte und ihnen in einer derart orientierten Gesellschaft keine Ziele und Aufgaben zu bleiben schienen.

Die Unzufriedenheit vieler Angehöriger einer Generation war einer der Gründe für die Studentenunruhen der sechziger Jahre, die sich gegen die materialistische Ausrichtung, die Verdrängung der nationalsozialistischen Vergangenheit, aber auch allgemein gegen verkrustete Strukturen und Rollenbilder richtete. So unterschiedlich die Motive des einzelnen gewesen sein mögen, an der Revolte teilzunehmen, standen doch bei fast allen Wut und Ärger über die Elterngeneration hinter dem Aufbegehren. Gegen die gesellschaftliche Realität wurde die Hoffnung gestellt, daß soziale Gerechtigkeit und eine Gesellschaft, in der es sich zu leben lohnt, möglich seien: Es ist nicht jeder seines Glückes Schmied, sondern gemeinsam sind wir stark.

Viele der jungen Erwachsenen hatten damals das Gefühl, die Gesellschaft sei korrupt und verlogen. Das Bild der heilen deutschen Familie stimmte genausowenig wie das Bild einer aufstrebenden Demokratie, in der das Volk die Macht hat. So wurde jede Form von Autorität kritisiert und für abschaffungswürdig gehalten. Der Wunsch nach Veränderungen führte dazu, daß viele Normen und Werte in das Gegenteil verwandelt wurden. Es entstanden Kinderläden, in denen die Kinder sich frei entwickeln sollten, ohne Einmischung der Eltern oder der Erzieherinnen. Die „antiautoritäre Erziehung" war in aller Munde, eine Pädagogik ohne Autoritäten und Zwänge.

Die Kinder aus den Kinderläden sind inzwischen selbst vielfach Eltern geworden und haben manche der einstigen Hoffnungen und Utopien begraben, auch wenn nicht alle Ideale damit ad acta gelegt wurden. Zugleich aber gibt es seit einigen Jahren eine Art Gegenbewegung: Vielen, gerade „antiautoritär" erzogenen Kindern war und ist das Verhalten ihrer Eltern zu extrem, und sie suchen gerade nach Autoritäten, an denen sie sich orientieren können. Seit den achtziger Jahren sind ein solides bürgerliches Leben und Wohlstand wieder gefragt und werden gesellschaftliche Experimente in einer wirtschaftlich schwierigen Zeit abgelehnt.

Was die Kinder der heutigen Zeit aus den vorgefundenen Gesellschaftsformen machen werden, muß sich erst noch zeigen.

Eine andere gesellschaftliche Prägung haben natürlich die
Erzieherinnen erfahren, die im Osten Deutschlands zu
Zeiten der DDR aufgewachsen sind. Gedacht als Arbeiter-
und Bauernstaat hatte sich die DDR nach ihrer Gründung
1949 rasch in eine sozialistische Diktatur gewandelt, in der
das sozialistische Menschenbild bestimmend und das Kollektiv Grundlage der Gesellschaft war. Dem einzelnen war
die Verantwortung für politische und gesellschaftliche Be-
lange genommen, und die Partei brachte von Anfang an
die Volksbildung als Instrument, um die Menschen von
vornherein im Geiste des Sozialismus zu prägen und zu erziehen, unter ihre Obhut. Der Vorstellung des Kollektivs
entsprechend, mußten eigene Interessen meist zurückste-
hen. Es entwickelten sich Arbeiterkollektive, die viel mehr
waren als nur Kollegien. Männer und Frauen wußten alles
voneinander, den Lebensweg, die Krankheiten, Lebensge-
wohnheiten und das Gehalt. Die Kollektive feierten gemeinsam Betriebsfeste, Familienfeste, und wenn jemand
Hilfe brauchte, war es normal (auch wenn die Partei
manchmal nachhalf), daß sich das Kollektiv darum küm-
merte. Der Einschränkung der persönlichen Freiheit stand
die Sicherheit gegenüber, daß der Staat für den einzelnen
sorgte, z. B., was eine Arbeitsstelle betraf.

Erziehung war zwar auch in der DDR vornehmlich
Frauensache, doch hatte sie – und damit auch der Beruf
der Erzieherin – einen höheren Status als im Westen. Zugleich war der Spielraum auch für mutige Erzieherinnen
sehr eingeschränkt, da hinter aller Erziehung das Ziel des
sozialistischen Menschen stand und die Einrichtungen re-
gelmäßig besucht und überprüft wurden.

Die Gründe und Ursachen der „Wende" sollen hier nicht betrachtet werden, doch ist zu sehen, welche eingreifenden Veränderungen – auch hinsichtlich des Menschenbildes – Menschen in den neuen Bundesländern in den letzten Jahren erlebt haben und erleben mußten. Wie auch immer die Ereignisse zu bewerten sind, sicher ist, daß für viele ein Stück der eigenen Identität weggebrochen und die frühere Sicherheit einer Eigenverantwortung gewichen ist, die mit einem Schlag unter denkbar schlechten Rahmenbedingungen gefordert war.

Das betrifft auch Erzieherinnen, die sich plötzlich mit einem veränderten Status, möglicher oder sogar wahrscheinlicher Arbeitslosigkeit und veränderten Erziehungsvorstellungen konfrontiert sehen. Eine Studie der Psychologischen Fakultät der Technischen Universität Dresden belegt, daß jede vierte Frau in den neuen Bundesländern (26,7 % von 2800 befragten Frauen) zwischen 18 und 23 Jahren unter einer Angststörung leidet. Diese Frauen haben Angst vor der Zukunft und Angst vor dem Kontakt mit anderen Menschen. Begleitet werden die Ängste häufig von Depressionen. Die Zukunft ist unsicher, und der neue „individualistische Ton", der von Westen nach Osten dringt, ist für viele Menschen nach wie vor sehr ungewohnt.

Betrachten wir diese kurze und dementsprechend verallgemeinerte und nicht vollständige Beschreibung der letzten 50 Jahre, so zeigt sich, wie unterschiedlich zu unterschiedlichen Zeiten das Menschenbild sein kann, auch wenn bestimmte Grundprägungen bestehen. So sind wir

alle in die abendländische Kultur hineingewachsen, die
dem eigenen Menschenbild eine Grundrichtung und bestimmte Denkstrukturen vorgibt. Diese Faktoren sollen
aber hier nicht vertieft werden, da sie äußerst komplex
sind. Vielmehr geht es darum zu sehen, welche Auswirkungen die Gesellschaft und die Epoche, in die man hin-
einwächst, auf das eigene Menschenbild haben und somit
auf die Art und Weise, wie eine Erzieherin mit Kindern
umgeht und welche Ziele sie in ihrer Arbeit verfolgt.
Auch läßt sich so das Verhalten der Kolleginnen, gerade
wenn ein größerer Altersunterschied besteht, besser verstehen.

2.3 Psychologische Menschenbilder

Sei es indirekt oder direkt durch Ausbildung und Beruf:
Unser Menschenbild ist stark von Theorien und Entdek-
kungen der Psychologie geprägt. Gerade für Erzieherinnen spielen psychologische Kenntnisse eine große Rolle,
über die immer auch ein Bild des Menschen vermittelt
wird.

So macht es einen Unterschied, ob Sie den Menschen
im Sinne Freuds als triebhaftes Wesen ansehen oder als an-
fänglich unbeschriebenes Blatt, das durch die Lebensum-
stände gefüllt wird, wie es z. B. die Lerntheorie vermittelt.
Ebenso ist es von Bedeutung, welches Verhältnis von Geist,
Seele und Körper angesetzt wird oder inwieweit der einzelne Mensch als Subjekt und Individuum verstanden

wird. Im systemischen Ansatz z. B. übernimmt der einzelne eine Rolle in dem System, in dem er lebt. Diese Rolle
ist austauschbar – es könnte auch eine andere sein, und
auch ein anderer könnte die eigene Rolle übernehmen –,
sie prägt aber die Entwicklung und den Charakter eines
Menschen.

Die verschiedenen Modelle sollen an dieser Stelle nicht näher beschrieben werden, da es hier nicht um einen Abriß
der psychologischen Richtungen geht. Es ist auch nicht
notwendig, daß Sie bei der Reflexion Ihres Erziehungsstils
und Menschenbildes nun als erstes wissenschaftliche Wer-
ke wälzen, um sich selbst auf die Spur zu kommen. Bewußt
sollte jedoch sein, wie sehr auch vielleicht praxisfern an-
mutende Theorien Einfluß auf unser Denken und Handeln und den Umgang mit Kindern haben.

2.4 Der Blick der Pädagogen

Die pädagogischen Menschenbilder korrelieren zumeist
mit den herrschenden psychologischen Vorstellungen.
Manche Pädagogen und Pädagoginnen setzen sich bewußt
von psychologischen Ansätzen ab, andere übernehmen
diese, um ihr pädagogisches Konzept wissenschaftlich zu
untermauern. So hat sich z. B. Maria Montessori in ihrem
Konzept deutlich auf Sigmund Freud gestützt.

Als „Vater des Kindergartens" entwickelte Friedrich Fröbel
ein Konzept, bei dem Kinder sich in lebendiger Erkenntnis,
Einsicht und Selbstbestimmung zur Freiheit entwickeln
können sollen. Dahinter stand auch ein politisches Interesse: Kinder sollen nicht zu „Dummköpfen", die der Obrig-
keit kritiklos gehorchen, erzogen werden. 1840 gründete
Fröbel den ersten „allgemeinen deutschen Kindergarten".
Er stellte sich vor, daß die Kinder im Garten Gottes wachsen
sollten wie die Blumen im Park. Die von ihm entwickelten
Spielgaben basieren alle auf dem gleichen Prinzip: Kinder
sollen spielerisch und selbständig Fertigkeiten erlernen.

Die Pädagogik Rudolf Steiners ist religiös-philosophisch
geprägt. Er versteht den Menschen als ein leiblich-see-
lisch-geistiges Wesen, das in allen diesen drei Bereichen
gesund bleiben muß. Die Entwicklung des Menschen
teilte er in Sieben-Jahres-Rhythmen ein, nach denen sich
die Waldorfpädagogik richtet. Ihr zufolge ist ein Kind von
Willenskraft getrieben und zeigt, wie es lernen will: durch
Vorbild und Nachahmung, Rhythmus und Wiederho-
lung. Die Spielzeuge, die Kinder in Waldorf-Kindergärten
erhalten, sind multifunktional einsetzbar. Sie lassen den
Kindern viel Freiraum für die eigene Kreativität und verhindern so, daß die Phantasie bereits in frühem Alter ver-
kümmert.

Im Mittelpunkt der Pädagogik Maria Montessoris steht
die Freiheit der Kinder, ihre Zeit des Lernens, das Thema
und das Tempo selbst zu bestimmen. Der allgemein bekannte Leitsatz ist: Hilf mir, es selbst zu tun.

Montessori ging davon aus, daß es in jedem Menschen verborgene Kräfte gibt, die ihn dazu antreiben, die Welt zu begreifen und zu erobern. So benötigen Kinder für ihre Entwicklung nur genügend Anregungen in ihrer Umgebung und Erzieherinnen, die sie unterstützen.

Den ersten „kindzentrierten" Ansatz entwickelte Célestin Freinet, ursprünglich für die Schule. Inzwischen wurde sein Kozept jedoch auf Kindertagesstätten ausgeweitet, weil er einen offenen Rahmen zuläßt, der von vielen Erzieherinnen geschätzt wird. Hinter dem Ansatz steht die Idee, Kinder ihre eigenen Lerninhalte finden zu lassen. Dabei sollen diese Lernmöglichkeiten möglichst lebensnah sein und sich aus der direkten Umgebung der Kinder stammen, d. h. alltäglich sein. Kinder sind fähig, Entscheidungen zu treffen und besitzen genügend Energie zur Gestaltung ihres eigenen Lernprozesses, so daß nicht die Erzieherinnen es sind, die über die Interessen und Bedürfnisse der Kinder entscheiden. Die Freinet-Pädagogik setzt somit bei den Stärken der Kinder an und nicht bei den Defiziten.

Die Reggio-Pädagogik versteht sich als eine demokratische Erziehungsform. Sie ist auf das Gespräch zwischen Erwachsenen und Kindern angewiesen. Ihr wichtigstes Ziel ist die Erziehung zu Demokratie, Gerechtigkeit und Solidarität untereinander. Grundlegend ist die Vorstellung, daß Kinder sich im Austausch mit ihrer Umwelt entwickeln und den Erwachsenen gleichgestellte Personen, d. h. nicht schwächer oder weniger urteilsfähig als

diese, sind. Sie bestimmen aus sich heraus, welches Angebot sie wahrnehmen wollen, und werden von den Erzieherinnen immer wieder durch gezielte Fragen zum Nachdenken über bestimmte Phänomene angeregt.

Der „Situationsorientierte Ansatz" will Kindern die Möglichkeit geben, in der Begegnung mit anderen zu erkennen und selbst zu bestimmen, welchen Fragen und Themen sie auf der Spur bleiben wollen, welche Spielform
sie dafür wählen. Die Erzieherinnen gehen mit Respekt
auf die Fragen und Wünsche ein und verhelfen den Kindern zu ihrem eigenen Erfolg, indem sie nur die Fragen
beantworten, die von den Kindern gestellt werden. So haben die Kinder die Möglichkeit, das Gehörte erst einmal
zu verarbeiten und den nächsten Schritt alleine zu gehen.
Dabei wird kein Thema der Kinder ausgespart, es gibt
keine Tabus.

Durch diese kurze Darstellung der reformpädagogischen
Ideen wird deutlich, daß sich das Bild vom Kind bei aller
Unterschiedlichkeit der Ansätze in eine Richtung verändert hat: Kinder werden zumeist nicht mehr als unmün-
dige Wesen angesehen, sondern als ganze Menschen, denen es in der – gut ausgestatteten – Umwelt möglich ist,
alles aus sich heraus zu entwickeln, was sie für ein eigen-
ständiges und selbstverantwortliches Leben brauchen. Die
Pädagoginnen sind dabei Begleiterinnen, die das Kind
dann unterstützen, wenn es um Hilfe bittet. Das erfordert
eine gewisse Gelassenheit im Umgang mit Kindern, die
schwierig einzulösen ist, wenn eine Erzieherin in sich

selbst nicht den Drang nach einer Weiterentwicklung spürt oder von eigenen ungelösten Konflikten oder unerfüllten Hoffnungen blockiert ist, wie sie im ersten Abschnitt dieses Kapitels beschrieben wurden.

„Ich dachte immer, Kinder brauchen ..."

Die innere Einstellung zu Kindern und ihre Auswirkungen

Am Anfang des Buches wurde bereits die Behauptung aufgestellt, daß Erziehung Beziehungsarbeit ist. Dazu ist in erster Linie erforderlich, das Gegenüber, also das Kind, als Beziehungspartner anzuerkennen und zu respektieren. Sich selbst nehmen die Erwachsenen in der Beziehung damit zurück, d. h., eine Erzieherin ist nicht mehr allein für das Wohl eines Kindes verantwortlich, da es vieles aus sich selbst heraus entwickeln darf und eher begleitet als angeleitet wird.

Im ersten Moment nehmen viele Erzieherinnen das als Einschränkung und Verlust von Bedeutung, Einfluß und Macht wahr. Was aber steht hinter dieser Angst, nicht mehr so wichtig zu sein? Könnte es die Befürchtung sein, daß Außenstehende den Eindruck haben und die Erzieherinnen auch selbst glauben könnten, sie würden dann gar nicht mehr gebraucht und seien in der Gesellschaft nicht mehr nötig, seien es vielleicht nie gewesen? Oder aber ist es die Angst, daß Kinder unter diesen Umständen völlig

verwahrlosen und die Werte und Normen, die die Gesellschaft zusammenhalten, sich auflösen?

Es gibt viele und ganz unterschiedliche Ursachen für die
Verunsicherungen, die mit dem veränderten Berufsbild
der Erzieherin zusammenhängen, aber es sind alles Ursachen, die nicht aus einer pädagogischen Konzeption, sondern aus der eigenen Lebensgeschichte und den möglicherweise mit ihr verbundenen Ängsten (nicht gewollt
gewesen zu sein, Minderwertigkeitsgefühle etc.) resultie-
ren. Im traditionellen Sinne der Kindergartenarbeit hatte
eine Erzieherin das Glück der Kinder in gewisser Weise
mit in der Hand und war an ihrem späteren Erfolg beteiligt, was eine große Befriedigung bedeuten konnte. Dieses
Selbstverständnis als Erzieherin ist in dem Moment in
Frage gestellt, in dem Erzieherinnen nicht mehr den ganzen Tag eines Kindes – und letztendlich damit dieses
selbst – aktiv gestalten und formen. Die Vorstellung vom
Kind hat hier direkte Auswirkungen auf das eigene Selbstverständnis und die Berufsrolle.

3.1 Das Bild der Erzieherin in unserer Gesellschaft

Zuschauen ist keine Arbeit!

Wir sind so erzogen und geprägt, nur das als Arbeit anzu-
sehen, wobei das Ergebnis unmittelbar ersichtlich ist. Die

Qualität der Arbeit wird am Ergebnis gemessen, während der dabei zurückgelegte Weg bzw. der Arbeitsprozeß keine oder nur wenig Beachtung finden. Nur wenn Fehler auftauchen, überprüfen wir, ob an der Methode etwas nicht stimmt.

Dementsprechend stellen die pädagogische Beobachtung und Begleitung von Kindern in der Vorstellung der meisten Menschen keine Arbeit im eigentlichen Sinne dar. Erzieherinnen fühlen sich daher oft genötigt und unter Druck zu rechtfertigen, wie wichtig ihre Arbeit ist. Der Nachweis ist schwer und kann bei dem damit verbundenen Beweisdruck nur an äußerlichen Dingen festgemacht werden: an der Förderung des Sozialverhaltens in der Gruppe, der Loslösung von den Eltern oder der Vorbereitung auf die Schule. Aber eine Erzieherin hat damit keine Argumente geliefert, weshalb die Beziehung zu ihr so wichtig ist und warum sie in einem partnerschaftlichen Stil funktionieren muß. Die Anerkennung dieser „Leistung" bleibt ihr selbst vorbehalten, was dann sehr vom Selbstbewußtsein und dem Vertrauen in die eigene Kompetenz abhängig ist.

In der Erziehung geht es aber darum, zu sehen und gesehen zu werden. Das heißt, eine Erzieherin stellt sich den Kindern mit ihrer ganzen Person zur Verfügung. Sie ist Frau, Mutter, Freundin, Vertraute, Gegenüber, Streitpartnerin, Vorbild, Antibild, Geliebte, Verbündete, Helfende, Begleitende, Unterstützende, Versorgende und noch einiges mehr. Wer das erkannt hat, weiß, wie anstrengend dieser Beruf ist und daß eine Erzieherin sich, um alle diese Rollen erfüllen zu können, immer wieder aus der

direkten Arbeit mit Kindern zurückziehen muß, um zu
verstehen, welches Kind mit ihr in welcher Beziehung
steht. An diesem Punkt ist die Arbeit schwer zu erkennen,
da sie auf einer inneren Ebene geleistet wird. Von dem
Rechtfertigungsdruck können sich Erzieherinnen nur
dann befreien, wenn sie für sich selbst ein neues Bild ihrer
Arbeit entwickeln.

Erziehen ist keine Profession, denn jeder und vor allem jede kann erziehen!

Da in unserer Kultur traditionell eher Frauen die Kinder
erziehen und diese Aufgaben mit dem Haushalt und vielleicht auch einem Beruf in Einklang bringen müssen,
scheint Erziehung eine Nebensache und ein leichtes Spiel
zu sein. Welche Anstrengung es kostet und wie sehr Kinder eine Mutter auslaugen können, ist ein Tabu. Erziehung ist im Bild der Öffentlichkeit von der Leichtigkeit
und der Liebe der Kinder geprägt. Wie kann dann eine
Erzieherin, die neben der Erziehung von einigen Kindern
keine weiteren Aufgaben hat, stärker als eine Mutter belastet sein?
    Als Erzieherin werden vermutlich auch Sie immer wie-
der auf folgende Vorstellungen treffen: Erzieherinnen haben Zeit für ihre wenigen Aufgaben und den Vorteil, in
ihrer Arbeitszeit viele schöne Dinge machen zu können,
zu denen andere nur in ihrer Freizeit kommen – spielen,
basteln, reden und so weiter. Daß sich eine Erzieherin
überhaupt für das Wohl der Kinder anstrengt, kann sie

im Grunde nur durch Quantität vermitteln: jeden Tag eine Bastelarbeit, ein Bild oder eine lehrreiche Geschichte, die die Kinder mit nach Hause nehmen, damit die Eltern auch sehen, wie sehr sich der Kindergarten lohnt. Da kann eine Erzieherin schon unter Druck geraten, der auf Dauer belastet und verhindert, daß sie ein Gefühl für ihre eigenen Bedürfnisse und die der Kinder bekommt. Da zudem die Kreativität der meisten Erwachsenen endlich ist, kann eine Erzieherin alleine sich nicht immer etwas Neues ausdenken. Wie gut, daß es so viele Bücher mit Vorlagen gibt, an die sich Kinder und Erwachsene halten können! Und schon steht die Frage der Außenstehenden im Raum: Erschöpft sich dann die Professionalität im Nachbasteln, -spielen oder -singen vorgefertigter Vorlagen?

Ein Teufelskreis, der nur zu durchbrechen ist, indem eine Erzieherin sich von den Erwartungen der Eltern, der Öffentlichkeit und dem damit verbundenen Erfolgsdruck löst und damit Raum gewinnt, auf die Bedürfnisse der Kinder und auch ihre eigenen achten zu können. Zu sehen, wie Kinder mit der eigenen Unterstützung und Begleitung wachsen, gewährt eine Form von Arbeitszufriedenheit, die nicht unter sinnlosen Leistungsdruck setzt.

Erzieherinnen in den neuen Bundesländern spüren die geringe Wertschätzung der pädagogischen Arbeit besonders stark.

Sabine U. ist seit zwanzig Jahren Erzieherin und noch in der ehemaligen DDR ausgebildet worden. In einem Seminar erzählt sie von Eike, der sie, wie sie sagt, nie

grüße, wenn er in den Hort komme. Es ist in ihrer Einrichtung üblich, daß ein Kind, das den Hort betritt, die
Erzieherin mit Handschlag begrüßt. Der Hort arbeitet
nach einem offenen Konzept, die Kinder kommen alle
unregelmäßig und zu unterschiedlichen Zeiten. Deshalb ist immer eine Erzieherin im Eingangsbereich, um
zu notieren, welches Kind anwesend ist. Alle Kinder be-
folgen die Begrüßungsregel, nur Eike bekommt jeden
Tag im Hort gleich zu Anfang Ärger, weil er sich nicht
daran hält. Sabine U. ist der Meinung, es gehöre sich
so, daß Kinder ihren Respekt der Erzieherin gegenüber
ausdrücken, indem sie ihr die Hand geben und sie auch
als erstes begrüßen. Sie empfindet es zwar nicht als Zu-
mutung, ihrerseits zuerst ein Kind anzusprechen, aber
es ist ihr umgekehrt lieber. Wenn sie Eike auf diesen
Punkt anspricht, reagiert er mürrisch und wortkarg. Er
findet, Sabine U. sehe ihn ja hereinkommen und das
genüge.

Im Laufe eines Gespräches zu diesem Problem machen
die anderen Erzieherinnen deutlich, wie unterschiedlich sie dazu stehen. Sabine U. erkennt nach und nach,
daß sie von Eike beachtet und anerkannt sein möchte.
Es wird ihr deutlich, wieviel sich in den letzten Jahren
für sie verändert hat. Zu DDR-Zeiten hatten die Erzieherinnen ein hohes Ansehen. Sie kannten alle Familien
gut und waren oft bei den betreuten Kindern zu Hause.
In der Schule waren sie den Lehrern gleichgestellt und
hielten zum Teil auch Unterricht. Die Anerkennung war
hoch, die Bezahlung für DDR-Maßstäbe überdurch-

schnittlich. Nach der Wende begannen Gehalt und Anerkennung im Vergleich zu vorher zu sinken, und die Hort-Erzieherinnen wurden völlig aus dem Schulleben verbannt, auch wenn Hort und Schule teilweise noch die gemeinsamen Unterrichtsräume benutzten.

Sabine U. leidet unter dem Mangel an Anerkennung und Freiheit, im Hort auch verstärkt pädagogisch zu arbeiten. Die meiste Zeit brauchen die Kinder für die Hausaufgaben. Viele der Eltern ihrer Kinder kennt sie überhaupt nicht mehr. Also versucht sich Sabine U. mit Hilfe der Kinder Anerkennung zu verschaffen. Sie stellt fest, daß sie Regeln aufgestellt hat, die eigentlich gar nicht nötig wären, wenn sie selbst diese Form der Anerkennung nicht brauchen würde. „Ich opfere mein Leben für die Erziehung anderer Kinder, und diese sollen mir dankbar sein und dies im täglichen Umgang mit mir zeigen. Ich will für die Liebe, die ich gebe, auch Liebe bekommen. In Zukunft werde ich auf die leisen Töne in Beziehungen achten und versuchen, die Anerkennung da herauszuhören, wo sie mir die Kinder freiwillig geben."

Dieses Beispiel zeigt, wie schwierig es ist, die verlorene gesellschaftliche Anerkennung auszugleichen. Die formale Umgangsform, die Sabine U. gewählt hat, war ihr Versuch, damit umzugehen.

Beziehungen gestalten kann jeder!

Ich behaupte: Beziehungen gestalten können die wenigsten. Eine Beziehung zu gestalten heißt auch, ein Gespür
für Nähe und Distanz zu haben, eine Gratwanderung
nicht nur in bezug auf die Gefühle der anderen. Bei der
Frage nach Nähe und Distanz schwingen immer auch
die eigenen Erlebnisse mit. Den einen waren die Beziehungen als Kind zu nah und damit übermächtig, den anderen waren sie zu unpersönlich und weckten das Gefühl,
der eigenen Person werde zu wenig Interesse entgegengebracht. Das heißt, daß bei der Nähe-Distanz-Problematik
immer die Gefahr besteht, eigene alte Gefühle oder Verletzungen zu aktualisieren. Die wenigsten Menschen sind
bereit, über diese Schwierigkeiten auch nur nachzudenken. Beziehungen sind die Grundlage aller Gemeinschaft,
und diese in ihrer Form in Frage zu stellen, ist existentiell
bedrohlich. Wenn ich mich mit meiner Form der Bezie-
hungsgestaltung auseinandersetze, werde ich selbst unsicher, was ein guter und was ein weniger guter Weg für
mich sein kann. Ich werde automatisch damit konfrontiert, welche Situationen ich mit anderen Menschen mei-
de oder auf für mich negative Weise löse. Die daraus resultierende Unsicherheit macht es noch schwerer, mit
anderen Menschen in Kontakt zu treten. Als Erzieherin
ist die Gestaltung einer Beziehung zu Kindern das tägliche Brot, und so ist eine mögliche Unsicherheit acht
Stunden lang auszuhalten. Sich einer solchen Situation
zu stellen und sich mit den eigenen Verunsicherungen
auseinanderzusetzen ist nötig, um individuelle Beziehun-

gen zu den Kindern aufbauen zu können. Nicht jedes Kind braucht die gleiche Nähe zu einer Erzieherin, und diese Distanz muß kein Zeichen einer Beziehungslosigkeit sein. Umgekehrt muß auch eine Erzieherin sehen und sich erlauben, daß sie nicht alle Kinder in gleicher Weise mögen kann und sie auf die Unterschiedlichkeit der Kinder reagiert. Kinder können so an ihrem Vorbild lernen, daß auch sie auswählen dürfen, wen sie mögen und wem sie deshalb nahe sein wollen und wem vielleicht weniger. Dementsprechend müssen sie auch nicht jeden Menschen küssen, der es gerne möchte.

Keine leichte Aufgabe für eine Erzieherin, die Gefahr läuft, distanziertes Verhalten als Mißachtung oder ein Nicht-Mögen der Kinder zu deuten und darunter zu leiden. Dabei können Kinder, die z. B. nicht auf dem Schoß sitzen wollen und wenig Bezug auf sie nehmen, trotzdem stolz, zufrieden und glücklich mit ihrer Erzieherin sein, die ein großes Vorbild ist und hohe Anerkennung bei ihnen genießt, weil sie sie als selbstbestimmte Wesen akzeptiert und ihre Beziehung nicht an Äußerlichkeiten festmacht.

Die obengenannten Vorstellungen bezüglich des Erzieherinnen-Berufes werden selten besprochen und sind auch nicht immer bewußt, sie wirken aber im Hintergrund und sind sicherlich auch Ihnen in der einen oder anderen Form schon in der Auseinandersetzung mit anderen begegnet. Darüber hinaus gibt es eine Reihe von Vorstellungen – sei es, daß sie gleichsam in der Luft liegen, oder aber, daß Sie sie verinnerlicht haben –, die die Arbeit inhaltlich betreffen und die Auseinandersetzung mit dem eigenen pädagogischen bzw. konzeptionellen Ansatz bestimmen oder erschweren.

3.2 Gesellschaftliche Erziehungsvorstellungen

„Kinder müssen Ordnung lernen!"

Die Forderung der Reformpädagogik nach einem kindgerechten Umfeld ist so leicht nicht immer umzusetzen. Ein Ziel der Erziehung von Kindern ist, die Ordnung im Raum zu erhalten und sie mit ihnen zu gestalten, damit sie lernen, Verantwortung für die Dinge in ihrer Umgebung zu übernehmen. Die treibende Kraft dabei ist aber eher das Bedürfnis der Erwachsenen nach Ordnung. Ihr Wohl hängt oft von der Überschaubarkeit eines Raumes ab. Viele Menschen sind es gewohnt, ihren Lebensraum in einer nicht nur sichtbaren, sondern auch spürbaren Ordnung zu halten. Dabei gibt es gerade Wege von einem Möbelstück zum anderen, viele Dinge sind von einem einzigen Standpunkt aus erreichbar, wenn sie benötigt werden, und so weiter. In der Küche oder an der Werkbank mag das auch sinnvoll sein, doch der Raum, in dem sich Kinder bewegen, soll sie nach Möglichkeit anregen, immer wieder Neues auszuprobieren, und Geheimnisse und „Schlupflöcher" offen lassen. Kinder wollen sich die Möglichkeiten erst langsam erobern, Verstecke erkunden und sie für sich nutzen. Für Erwachsene ist das anstrengend, weil sie nicht mit

einem Blick die Übersicht behalten können und die Erzieherinnen viele Wege gehen müssen, die dem rationalen
Denken widersprechen.

Dabei ist zu sehen, daß das innere Bedürfnis nach
Ordnung bei der Arbeit mit Kindern und der damit verbundenen Belastung (Lärm, hohe Konzentration, Verantwortung) durchaus eine stabilisierende Funktion hat.
Wenn immer wieder alles durcheinandergerät, braucht
eine Erzieherin zur Erhaltung ihrer Arbeitsfähigkeit eine
äußere Ordnung, die stabil bleibt und Sicherheit gewährt.
Auflösbar ist dieser Konflikt zwischen den Bedürfnissen
der Kinder und den eigenen nur, wenn Erzieherinnen in
sich selbst etwas Stabilisierendes finden oder schaffen.
Dazu ist eine innere Haltung notwendig, die Unvorherge-
sehenes einkalkuliert und die Orientierung auch in einer
chaotischen Situation möglich macht. Wirklich planbar
ist der Alltag mit Kindern ohnehin nicht, und so ist es
besser, aus dem Vertrauen in sich selbst und in die eigenen Kompetenzen eine gewisse Gelassenheit zu entwik-
keln, die den Kindern, aber auch der Erzieherin selbst zugute kommt.

„Über diese Dinge spricht man nicht!"

Kinder kennen keine Tabus, wenn sie es von den Erwachsenen nicht beigebracht bekommen. In der Arbeit werden
deshalb Erzieherinnen oft mit Themen konfrontiert, die
ihr Schamgefühl, ihre Trauer oder ihre Ängste berühren.
Sexualität, Krankheit und Tod oder auch Armut in

Deutschland gehören dazu. Kinder wissen nichts von den Gefühlen und der Befindlichkeit, die sie in ihrer Erzieherin anregen, wenn sie Fragen zu diesen Themen stellen. Die Erzieherin aber weiß um ihre eigenen Gefühle und will das Thema deshalb vielleicht lieber vermeiden. Sie weiß womöglich, daß sie weinen wird, wenn sie den Kindern erklärt, was der Tod bedeutet, weil vor nicht allzu langer Zeit jemand aus dem eigenen Kreis gestorben ist. Ebenso ist es schwer, Kindern etwas über Sexualität zu erzählen, ohne mit eigenen Ängsten oder Unsicherheiten konfrontiert zu werden, wenn die eigene Sexualität aus welchen Gründen auch immer nicht als eine natürliche, zum Leben gehörende und Freude bringende Form von Beziehung erlebt werden kann.

Da Kinder nicht von sich aus auf solche Fragen verzichten werden und es auch ein Ziel der Arbeit sein sollte, mit Kindern über Tabuthemen zu sprechen und ihnen zu zeigen, wie wichtig es ist, über das zu reden, was sie beschäftigt, sollte eine Erzieherin sich mit den eigenen Tabus auseinandersetzen.

Als Beispiel sei Trauer gewählt: Kinder machen selbst in unterschiedlicher Form die Erfahrung von Verlust. Daran kann eine Erzieherin anknüpfen. Sie muß dann nicht mehr über entsprechende Fragen erschrecken und sich nach einem Ausweg umschauen, sondern kann die Gefühle, die die Fragen in ihr wecken, nutzen, um die richtige Sprache für die Kinder zu finden. Wenn dabei in der Kindertagesstätte Tränen fließen, ist nichts dabei; es ist die eigene Scham, die das verhindern will, weil wir glauben, als Erwachsene Kindern gegenüber immer stark sein und für alle Fragen plausible Erklärungen und Antworten haben zu müssen. Warum nicht sich mit den Kindern gemeinsam auf die Suche nach den Antworten machen? Dazu ist aber im Vorfeld notwendig, daß Erzieherinnen sich außerhalb der Arbeit einen Platz schaffen, an dem sie ihre eigenen ungewollten Gefühle zu bestimmten Themen reflektieren und bearbeiten, so daß sie nicht mehr mit einer unkontrollierbaren Wucht in der Arbeit „platzen", wenn ein Kind ein kritisches Thema anschneidet.

„Kinder müssen im Rahmen bleiben!"

In der Ausbildung lernen Erzieherinnen, wann Kinder welche Fähigkeit entwickeln und daß sie es in individuellem Tempo tun. Trotzdem steckt in vielen Köpfen noch das Bild einer klaren und eindeutig festlegbaren entwicklungspsychologischen Zeitstruktur. Erzieherinnen sollten hier immer wieder gegen alte Muster in sich, bei ihren Kolleginnen oder auch bei den Eltern ankämpfen.

Schwierig einzulösen ist die Forderung, daß Kinder ihr eigenes Lerntempo brauchen, in dem Moment, in dem sich ein Kind zuviel Zeit läßt. Die Erzieherin kommt unter Erfolgsdruck, und das Verantwortungsgefühl für das Gelingen bestimmter Lernschritte wird übergroß. Hinter dieser gutgemeinten Besorgnis steht im Grunde eine Norm, der Kinder entsprechen sollen, weil es in unserer Gesellschaft schwierig ist, anders zu sein. Die Intelligenz eines Kindes wird anhand der Geschwindigkeit beim Erlernen bestimmter Fertigkeiten gemessen, die sich in erster Linie auf die Schul- und spätere Berufsfähigkeit beziehen, weniger auf allgemeine Fähigkeiten, die ein Kind zum Leben braucht. So wird ein Kind, das sich mit dem Sprechen schwertut, ab dem dritten Lebensjahr immer wieder kritisch unter diesem Gesichtspunkt betrachtet und womöglich in eine Therapie gegeben. Dabei ist vielleicht gerade dieses Kind im musischen Bereich sehr begabt und kann mit Bildern oder Skulpturen viel mehr ausdrücken, als alle sprachlich „normal" entwickelten Kinder der Gruppe. Kreativität, Sensibilität, Wahrnehmung, Empathie oder Pfiffigkeit werden viel zu wenig geschätzt.

Für Erzieherinnen bedeutet das, daß sie immer wieder unter Druck geraten, einschreiten zu müssen, wenn sie bestimmte Maßstäbe unkritisch übernehmen. Nur wenn sie für sich die Erfahrung gemacht haben, daß sie sich selbst alle Voraussetzungen schaffen, um zu lernen, was sie im Leben brauchen, und nicht nur die eigenen intellektuellen Fähigkeiten anerkennen, können sie sich von den gesellschaftlich anerkannten Erfolgszwängen in bezug auf Kinder lösen. Natürlich brauchen auch dann manche Kinder konkrete Hilfe bei bestimmten Defiziten oder Verzögerungen, aber die Stärken dieser Kinder werden ebenso gesehen. Für eine Erzieherin bringt diese Reflexion mehr Gelassenheit, sie muß nicht ständig über den Zeitpunkt ihres Eingreifens nachdenken.

Das Fremde akzeptieren

Wenn uns Kinder oder auch ganze Familien bei der Arbeit begegnen, die uns in ihrer Art oder auch in ihrer Lebensweise fremd sind, haben wir Schwierigkeiten, angemessen mit ihnen umzugehen. Wir wissen nicht, wie wir sie nehmen können und sollen, weil eine vertraute Komponente in der Beziehung fehlt. Unerwartete Reaktionen lösen leicht Befremden aus, weil sie nicht in die eigenen Denkstrukturen einzuordnen sind. Ein Beispiel zur Verdeutlichung:

> Eine Erzieherin überreicht einem Kind ein Geburtstagsgeschenk und erwartet dabei unbewußt, an seiner Körpersprache Zeichen der Freude erkennen zu können. Das Kind aber ist in einer neuapostolischen Familie aufgewachsen, in der Geburtstage nicht gefeiert werden. Dementsprechend ist es peinlich berührt, zeigt dies aber nicht deutlich. Laut bedankt es sich herzlich, weil es sich über das Geschenk wirklich freut. Das Befremden drückt sich aber in seiner Körpersprache aus, die die Erzieherin zwar wahrnehmen, aber nicht unbedingt richtig verstehen kann. Sie fühlt sich befremdet und weiß nicht mit der Situation umzugehen.

Jeder Mensch hat unbewußte Strategien (über Körpersprache, Mimik, Geruch, Tonlage ...), mehr über sein Gegenüber zu erfahren, als dieser ihm mit Worten sagt. Sind die nonverbalen Botschaften deutbar, entsteht ein Gefühl von Vertrautheit, von Nähe und „Normalität". Gibt es dagegen Mißverständnisse auf der nonverbalen Ebene, entstehen Gefühle wie Angst (nicht einschätzbar zu sein), Unsicherheit (versteht er oder sie mich?), Bedrohung (nimmt er oder sie mir etwas von meiner Integrität?) oder auch Abweisung (damit will ich nicht in Berührung kommen). Die Sicherheit, sich auf das eigene Gespür verlassen zu können, ist ins Wanken geraten, und die „inneren Ohren und Augen" sind ausgeschaltet, so daß nurmehr das Gesprochene verläßlich ist.

Jeder erlebt derartige Situationen, doch Erzieherinnen, die tagtäglich mit vielen Kindern und Erwachsenen umgehen, sind dem Gefühl der Befremdung besonders häufig ausgesetzt und müssen zudem immer richtig reagieren. Das ist nur möglich, indem das mögliche Unverständnis geäußert wird. In obigem Beispiel sollte die Erzieherin das Geburtstagskind fragen, ob etwas nicht in Ordnung ist. Das gibt dem Jungen Gelegenheit, den Hintergrund zu erläutern und auch für sich das Problem zu klären. Die Kommunikation ist auf allen Ebenen wieder möglich.

Um so reagieren zu können, müssen Sie sich das Recht zugestehen, andere Menschen mit ihren eigenen Gefühlen zu konfrontieren. Vermutlich haben Sie in Ihrer Kindheit gelernt, die Gefühle der anderen zu respektieren und in möglichst harmonischem Ton miteinander zu sprechen, während derjenige Streit sucht, der sein Gegenüber mit etwas konfrontiert. Das mag zum Teil zutreffen, doch oft ist es auch hilfreich, in befremdenden Situationen nochmals nachzufragen, damit beide Seiten das ungute Gefühl loswerden, sich nicht zu verstehen. Letzteres wird „zugewandte Konfrontation" genannt, d. h., daß dem Gegenüber deutlich gemacht wird, daß man seine Gefühle akzeptiert, sie aber besser verstehen möchte.

In diesem Kapitel wurde versucht zu beschreiben, warum es nicht leicht ist, die pädagogische Arbeit als partnerschaftliche Beziehungsarbeit mit Kindern zu sehen. Zusammengefaßt läßt sich sagen, daß zum einen der gesellschaftliche Stellenwert der Erziehung und des professionellen Gestaltens von Beziehungen zu Kindern sehr gering ist und daß vielfach gesellschaftliche Normen den pädagogisch angemessenen Umgang mit Kindern erschweren.

Ein dritter Aspekt soll im folgenden verdeutlicht werden. Es sind die Haltungen, die sich aus der Biographie jeder Erzieherin entwickeln und die ihr Menschenbild und ihren Umgang mit Kindern prägen und sie in ihrer Handlungsfähigkeit behindern können. Es geht an dieser Stelle vor allem darum, an Beispielen aufzuzeigen, wie das „innere Kind" das Verhalten einer Erzieherin in konkreten Situationen wenn nicht bestimmen, so doch beeinflussen kann. Inwieweit diese Haltungen vielleicht auch in Ihnen selbst unreflektiert und unbemerkt schlummern, können Sie anhand der Beispiele mit der Frage klären, wie Sie in der jeweiligen Situation reagiert hätten.

3.3 Das Wirken des „inneren Kindes"

„Erwachsene wissen, was Kinder brauchen!"

Karin P. hat bereits einige Berufserfahrung als Erzieherin und kennt die Kinder in ihrer Gruppe sehr gut. Eines
Tages stellt sie fest, daß der sechsjährige Klaus in der
Bücherecke sitzt und sich nicht am Spiel mit den anderen Kindern beteiligt. Er wirkt angespannt und traurig.
Sie glaubt, daß Klaus etwas Ablenkung gut gebrauchen
könnte. Deshalb nimmt sie ihn und einige andere Kinder mit in die Küche, um einen Kuchen für die Geburts-
tagsfeier am nächsten Tag zu backen. Erst scheint es,
als ob Klaus die Abwechslung genüge. Aber schon
nach kurzer Zeit verdrängt er die anderen Kinder von
der Rührschüssel und möchte alles alleine machen. Als
die vierjährige Sabrina sich nicht mit dem Zuschauen
zufriedengibt, platzt der ganze Zorn aus Klaus heraus,
und er schlägt Sabrina. Karin P. konnte die Situation
so schnell gar nicht erfassen und kann erst eingreifen,
als Sabrina weint. Die Situation ist eskaliert. Karin P. ist
wütend auf Klaus, sie hat ihn doch extra zum Backen
mitgenommen, um ihm eine Freude zu machen. Als sie
ihm Vorwürfe macht, schreit Klaus sie an: „Ich bin so-
wieso nicht mehr lange da, dann mußt du dich nicht
mehr ärgern", und läuft aus der Küche.

Karin P. glaubte zu wissen, was Klaus brauchte, ohne mit
ihm über seine Stimmung zu sprechen. Für Klaus bestand

das Problem nämlich darin, daß der Abschied vom Kindergarten anstand. Der Gedanke an die Schule, auf die er sich durchaus freute, war mit dem Wissen verbunden, daß Karin P. in Zukunft all die schönen Sachen mit anderen Kindern machen würde. Er fürchtete, daß sie ihn deshalb nicht mehr liebhaben würde, und hatte Angst vor dem Abschied. Karin P. gab ihm keine Möglichkeit darüber zu reden, sondern bestimmte für sich, daß Klaus aufgeheitert werden müßte. Dabei übersah sie, daß Klaus mit seinen Gefühlen ernst genommen werden wollte und nicht wie ein Kleinkind durch Ablenkung seine Traurigkeit vergessen konnte. Und sie übersah zudem, daß auch sie von Klaus Abschied nehmen und sich diesem Prozeß stellen müßte. Vielleicht spürte sie sogar instinktiv, welches Problem ihn beschäftigte, und war im Grunde bemüht, sich selbst mit Kuchenbacken abzulenken.

Hinter diesem Beispiel steht die Vorstellung vieler Erwachsener, für Kinder sei das bewußte Wahrnehmen ungewollter Gefühle zu anstrengend und hemmend für ihre Entwicklung. Dabei sind es die Kinder, die mit Gefühlen offen und frei umgehen können und es deshalb oft leichter haben als die Erwachsenen. Im Umgang mit vielen Kindern ist es nicht immer leicht, vom eigenen vermeintlichen oder echten Wissensvorsprung abzusehen und Kindern die Entscheidung darüber zu überlassen, was in bestimmten Situationen für sie gut ist oder nicht. Für eine Erzieherin ist es deshalb wichtig, sich immer wieder darüber klar zu werden, inwieweit sie glaubt, in jeder Situation das Wohl der Kinder einschätzen zu können.

„Kinder müssen gleich behandelt werden."

Die Erzieherin Angelika M. erzählt in einer Teambesprechung ihrer Einrichtung, daß sie besondere Schwierigkeiten mit der dreijährigen Luise habe, die immer auf
ihrem Schoß sitzen und mit ihr schmusen wolle. Angelika M. ist das zuviel, obwohl sie gerne mit den Kindern
schmust. Bei Luise hat sie den Eindruck, sie könne gar
nicht mehr selbst entscheiden, ob sie Luise auf dem
Schoß haben möchte oder nicht. Luise kommt immer,
sobald Angelika M. sitzt. Dazu unterbricht sie auch das
Spielen mit anderen Kindern, die ärgerlich reagieren
und ihr vorwerfen, sie sei ein Baby. Angelika M. versucht, Luise immer wieder zurückzuweisen, da sie
fürchtet, Luise wolle sich bei ihr einschmeicheln. Ihrer
Meinung nach braucht kein Kind derart viel Zuneigung.
In einem Gespräch mit Luises Mutter erzählt ihr diese,
daß Luise zu Hause eher zurückhaltend mit Körperkontakt sei. Angelika M. ist erst im Laufe des Gespräches
bereit, sich ernsthaft mit Luises Bedürfnis nach viel
Körperkontakt auseinanderzusetzen, in dem sie bisher
taktisches Verhalten zu entdecken glaubte.
In einem zweiten Gespräch mit der Mutter stellt sich
heraus, daß Luise einen sechsjährigen, mehrfachbehin-
derten Bruder hat, der die Mutter 24 Stunden am Tage
für eine intensive Betreuung braucht. Luise kann zu
Hause keine Ansprüche stellen und fordern, für sich allein einmal etwas Zeit oder besondere Zuneigung zu
bekommen. Tapfer versucht sie, zu Hause zu verzichten

und sich die Nähe bei einer „Ersatzmama" zu holen. Angelika M. versteht die Zusammenhänge nun besser und führt immer wieder ernste Gespräche mit Luise und signalisiert ihr, daß sie es schwer habe und sie Luise dafür bewundere, wie tapfer sie das Leben mit ihrem Bruder meistere. Ihr Verständnis scheint Luise so sehr zu entspannen, daß sie von selbst weniger Körperkontakt sucht, da sie sich der Zuneigung sicher ist.

In dem Beispiel hatte Angelika M. eine genaue Vorstellung davon, wieviel Kinder an Zuneigung brauchen und wieviel Nähe angemessen ist. Hinter dieser Gewißheit standen die Erlebnisse und die Erziehung ihrer eigenen Kindheit, in der ihr Vater immer darauf bestanden hatte, sie und ihre Geschwister gleich zu behandeln, damit niemand sich beschweren konnte, weniger bekommen zu haben. Diese Form von Gerechtigkeit hatte sie übernommen und glaubte, für alle Kinder das „Maß" zu kennen.

Oft ermöglicht erst die Auseinandersetzung mit den eigenen Erlebnissen, die individuellen und vielleicht das eigene Maß überschreitenden Bedürfnisse von Kindern akzeptieren zu können.

„Erwachsene sind klüger als Kinder."

Die sechsjährigen Jungen Kilian und Timo sind an der
Reihe, Milch für ihre Kita-Gruppe zu holen. Sie möchten dazu mit den Rollern der Kindertagesstätte fahren
und nicht zu Fuß gehen. Da die Erzieherin Erika P. immer ein ungutes Gefühl hat, wenn sie die Kinder alleine einkaufen gehen läßt, möchte sie nicht auch noch,
daß sie mit den Fahrzeugen unterwegs sind. Sie ver-
bietet es den Kindern mit der Begründung, es sei zu
gefährlich. Kilian gibt sich damit nicht zufrieden, weil
er zu Hause immer mit dem Roller auf der Straße
fährt. Erika P. wird ungeduldig und ist genervt: „Ihr
geht jetzt zu Fuß, wie ich es sage und weil ich besser
weiß, wie gefährlich es ist." Damit schiebt sie die beiden zur Türe hinaus und geht wieder in ihre Gruppe.
Kilian und Timo sind stinksauer, setzen sich auf die
Treppe und beschließen, daß es an diesem Tag keine
Milch zu trinken geben wird. Nach einiger Zeit stellt
Erika P. fest, daß die beiden gar nicht einkaufen sind
und stellt sie zur Rede. Es kommt zu einem regelrech-
ten kleinen Machtkampf, der ohne Milch, aber mit viel
Ärger auf beiden Seiten endet.

In einer Situation wie der oben beschriebenen spüren Kinder sehr genau, daß es gegen das Argument: „Ich weiß das
schließlich besser", keine Erwiderung gibt. Etwas als Erwachsener besser zu wissen, ist aufgrund des Altersunter-
schiedes in vielen Dingen keine Schwierigkeit, aber in be-

zug auf die Fähigkeiten von Kindern manchmal fragwürdig. So hat z. B. Erika P. Kilian und Timo noch nie auf der Straße Rollerfahren sehen. Ein Termin zum „Überprüfen" ihrer Fahrtauglichkeit hätte sicherlich auch den beiden Spaß gemacht und Ihnen die Möglichkeit geboten, sich mit der Erzieherin auseinanderzusetzen. So aber blieb den beiden Kindern kaum etwas anderes übrig, als sich auf den Machtkampf („Wissen ist Macht" gegen „Verweigerung hat Wirkung") einzulassen.

Was steht hinter dieser Haltung? In ihrer Kindheit wuchs Erika P. mit vielen Normen auf und hatte zu tun und zu lassen, was die Erwachsenen ihr sagten. Sie selbst hinterfragte die Erwachsenen nie, da sie der Meinung war, daß ihre Eltern es gut mit ihr meinten und nicht sinnlos Dinge von ihr verlangten. Die Kehrseite aber war, daß sie nie eigene Experimente machen konnte, ob sie bestimmte Dinge so wollte oder nicht. Erika P. wird bewußt, wie sehr sie die Kinder immer wieder einschränkt, obwohl ihr Verstand weiß, wieviel Kinder schon selbst entscheiden können. In dem Augenblick, in dem sie sich der Stimme ihrer Eltern bewußt wird, die bis dahin ihre Beziehung zu Kindern mitgeprägt hat, kann sie Kindern mit wesentlich mehr Ruhe und Vertrauen begegnen.

„Kinder brauchen nicht alles zu wissen."

Der fünfjährige Johann kommt in den Kindergarten und stürmt sofort auf die Erzieherin Gaby S. zu. Er ist

ganz aufgeregt, da er ein Gespräch mehrerer Jungen in der Straßenbahn gehört hat, in dem es um die Beschneidung von jüdischen Jungen ging. Ein Junge erklärte den anderen, wie das gemacht würde. Johann erzählt Gaby S. die Geschichte und will von ihr anschließend wissen, was das genau sei, eine „Beschneiderung". Gaby ist das Gespräch unangenehm, und sie antwortet Johann, daß er das ohnehin noch nicht verstehe, da er zu klein sei. Johann zieht frustriert ab. Einige Zeit später sieht Gaby S., wie sich Johann in der Doktorecke an Marcels Hose zu schaffen macht. Er erzählt Marcel, daß sein „Pimmel" jetzt beschnitten werden müsse.

Gaby S. versteht nun, daß Johann sehr mit dem Vorfall aus der Straßenbahn beschäftigt ist. Die Vorstellung, daß Jungen beschnitten werden, macht ihm so große Angst, daß er versucht, im Spiel mit Marcel zu verstehen, was das eigentlich ist. Sie merkt, daß es für Johann wichtig gewesen wäre, seine Frage ernst zu nehmen und sie ihm zu beantworten, auch wenn es ihr unangenehm ist, solche Themen mit den Kindern zu besprechen. Sie versucht, die Situation nun wenigstens für Marcel zu entschärfen, und bietet den Kindern an, die Krankenschwester zu sein. Marcel ist darüber sichtlich erleichtert. Gaby beginnt nun mit Johann ein „Fachgespräch" von Arzt zu Krankenschwester, in dem sie die Möglichkeit hat, Johanns Fragen zu beantworten. Schnell wird deutlich, daß die Jungen religiöse und medizinische Notwendigkeiten der Beschneidung

> besprochen haben. Gaby kann die Vermischung für Johann aufklären und ihm seine Angst nehmen.

Was war passiert? Gaby wurde im ersten Moment von Johann an einem Punkt getroffen, der sie sprachlos machte, so daß sie abwehren mußte. Sie konnte nicht auf Johann eingehen, weil sie selbst in irgendeiner Weise von dem Thema betroffen war. Erst als sich ihre eigene Aufregung gelegt hat und sie sich darüber bewußt wird, daß das Thema Beschneidung ihre Unsicherheit beim Thema Sexualität berührte, kann sie Johanns Fragen in einem zweiten Versuch beantworten. Das Spiel ist dabei auch für sie hilfreich, da sie in der Rolle als Krankenschwester Fakten aussprechen kann, die ihr als direkt befragte Frau kaum über die Lippen gekommen wären.

In Zukunft ist es ihr leichter möglich, heiklen Fragen der Kinder auf einer Spielebene zu begegnen und sie dort zu beantworten. Das entlastet Gaby S. sehr, da sie den Fragen nun nicht mehr ausweichen muß, um dann mit einem schlechten Gefühl nach Hause zu gehen.

„Kinder müssen Gehorsam lernen!"

> Die fünfjährige Kira findet es zur Zeit „echt cool", immer einen Kaugummi im Mund zu haben, auch im Kindergarten. Anita, die Praktikantin in ihrer Gruppe, dagegen ekelt sich davor und hält es für gar nicht

„cool". Sie spricht das Kira gegenüber mehrfach an, die davon aber wenig beeindruckt ist. Im Gegenteil, sie erzählt Anita, daß ihr großer Bruder auch immer Kaugummi kaue und genau wisse, was gut sei und was nicht. Es sei „trendy", Kaugummi zu kauen, und die Zähne würden davon auch sauber. Anita ist mal wieder überrascht von der Jugendsprache, die Kira benutzt, und ärgert sich über den Einfluß des großen Bruders. Ohne zu überlegen, was sie tut, fährt sie Kira an: „Rede ich eigentlich Chinesisch? Du tust jetzt, was ich dir sage und nimmst den Kaugummi aus dem Mund, sonst hole ich ihn höchst persönlich heraus."
Kira spuckt den Kaugummi auf den Boden und läuft weg.

Anitas Gruppenleiterin kann sich das Lachen nicht verkneifen, und beide gehen die Situation noch einmal gemeinsam durch. Anita erklärt, daß sie davon ausgeht, Kira nicht darlegen zu müssen, warum sie den Kaugummi aus dem Mund nehmen solle. Sie glaubt, es reiche, wenn sie einen Auftrag erteile, der von den Kindern ausgeführt werden müsse und nicht hinterfragt werden dürfe. Kinder müßten machen, was Erwachsene sagen, und nicht, was ein sechzehnjähriger Bruder sagt.

Als die unmittelbare Betroffenheit nachläßt, begreift Anita, daß sie Kira ein interessanteres Vorbild werden muß, wenn sie den Einfluß des Bruders schmälern will. Dabei ist es wichtig, nicht mit dem Bruder in Konkurrenz zu treten, weil Kira sonst beginnen muß, ihren Bruder zu verteidigen und gar nicht auf Anita hören kann. Anita kann nun auch darüber lachen, daß Kira ihr den Kaugummi einfach vor die Füße spuckte, aber sie fragt sich auch, wie sie auf die Idee kommt, von Kindern zu verlangen, daß sie einfach tun, was sie sagt.

Nach und nach wird ihr deutlich, daß sie als Kind eine ehrgeizige Sportlerin war. Im Verein war es selbstverständlich gewesen, dem Trainer ohne Widerspruch zu folgen, da er das sportliche Glück in der Hand hatte. Jedenfalls glaubte Anita das zu dieser Zeit. Das fiel ihr nicht immer leicht, und sie verlor in dem Moment ihre sportliche Begeisterung, in dem sie nicht mehr bereit war, blindlings alles zu tun, was ihr Trainer sagte, womit die Konflikte begannen. Es gibt immer wieder Zeiten, in denen sie dieser verlorenen Chance einer sportlichen Karriere nachtrauert. So will sie den Kindern Gehorsam beibringen, damit es ihnen später nicht auch einmal so ergeht.

„Kinder haben sich nach den Bedürfnissen der Erwachsenen zu richten!"

Susanne L. sitzt an ihrem Schreibtisch und möchte gerne in Ruhe etwas vorbereiten. Die Ruhe hält aber nur kurz an, da drei Kinder ihrer Gruppe in der Bauecke streiten. Es scheint etwas kaputtgegangen zu sein. Peter weint, Luise und Philipp schreien, und der Lärm ist nicht gering. Susanne steht auf und ruft laut: „Ruhe!" Der einzige Erfolg dieses verzweifelten Ausrufes ist,

daß sich nun die anderen Kinder alle in den Streit einmischen. Es ist ein Heidenlärm. Susanne ist fassungs-
los über die Rücksichtslosigkeit der Kinder. In ihrer
Wut schickt sie alle Kinder nach draußen, damit sie
im Zimmer in Ruhe ihre Sachen fertigmachen kann.
Die Kinder fühlen sich kollektiv bestraft und sind am
Schimpfen und Zetern. Susanne aber läßt sich nicht
erweichen und besteht darauf, daß alle Kinder den
Raum verlassen. Sie sagt einer Kollegin Bescheid, die
bereits im Garten ist, und setzt sich dann wieder an
ihren Schreibtisch.
Zwei Tage später hört sie Luise zu Peter sagen: „Sei
bloß still, sonst müssen wir wieder alle raus, nur weil
du heulst." Susanne will sich schon einmischen, um
Luise zu sagen, daß es nicht um das Weinen, sondern
um die Mißachtung ihres Ruhebedürfnisses ging. Im
Gespräch mit ihrer Kollegin, der sie den Vorfall schil-
dert, wird ihr klar, daß die Kinder ihr Bedürfnis nach
Ruhe gar nicht verstanden haben. Sie hatten lediglich
gehört, daß Susanne nicht gestört werden wolle, damit sie schneller fertigwerde und ihnen dann wieder
zur Verfügung stehe. Ihre Kollegin fragt, ob es denn
so wichtig gewesen sei, die Aufgabe gerade in dieser
Zeit zu machen. Anfangs verteidigt sich Susanne,
merkt dann aber, daß es eigentlich darum ging, daß
sie müde und überanstrengt von dem Tag und den familiären Problemen, die sie gerade beschäftigten, war
und deshalb eine Pause brauchte.

Susanne L. fällt in diesem Beispiel in ihr altes Verhaltens-
muster zurück, die Kinder sollten sich ihr anpassen und
nicht umgekehrt, wie sie es auch aus ihrer eigenen Kindheit und den Umständen zu Hause kennt. Die früher vor-
gelebten Machtverhältnisse sind von ihr nie bewußt reflektiert worden und schleichen sich so immer wieder in
ihre Arbeit und ihren Umgang mit Kindern ein, obwohl
sie behaupten würde, gerade ein solches Verhalten nicht
zu wollen.

Liebe als pädagogisches Mittel

Jens ist seit Tagen im Kindergarten mit dem neuen
Bagger beschäftigt und läßt keines der anderen Kinder
damit spielen. Katja beschwert sich daraufhin bei ihrer
Erzieherin Dagmar M., die daraufhin zu Jens geht, um
mit ihm zu sprechen. Der aber hat kein Einsehen, er
will den Bagger für sich behalten. Dagmar versucht
es daher anders: „Das macht mich aber ganz traurig,
daß du den Bagger nicht einmal hergibst. Da kann
ich dich gar nicht liebhaben."
Jens schaut seine Erzieherin erschrocken an, seine Augen füllen sich mit Tränen, und er gibt den Bagger aus
der Hand. Dann läuft er aus dem Sandkasten und ins
Haus. Dagmar M. schaut ihm nach. Mit dieser Reaktion
hat sie nicht gerechnet. Sie weiß zwar nicht genau warum, aber sie hat ein ungutes Gefühl und spricht deshalb die Situation in der nächsten Teamsupervision an.

Erst anhand der Reaktion von Jens und den Aussagen ihrer Kolleginnen begreift sie, daß sie das Wohlverhalten der Kinder mit Liebe belohnt und das Fehlverhalten mit Liebesentzug bestraft. Sie ist sich sehr unsicher, wie es denn anders gehen könnte, die Kinder zu etwas zu bewegen, zumal sie in ihrer eigenen Kindheit auf eben diese Art erzogen wurde. Wenn sie sich jedoch in Jens' Lage versetzt, spürt sie selbst, wie schwer es ist, nur als braver Junge gemocht zu werden. Auch sie selbst will in jeder Situation gemocht werden, auch wenn sie etwas macht, was z. B. ihrem Partner mißfällt. Aber sie spürt auch deutlich, wie anstrengend es ist, mit den Kindern immer wieder zu verhandeln und ihnen klar zu machen, daß es wichtig ist, auch einmal Rücksicht auf anderer Leute Bedürfnisse zu nehmen. Dahinter steht das Gefühl, daß es in ihrem Leben immer sie ist, die Rücksicht nimmt, und andere nie.

Dagmar M. hat das Erziehungsmodell ihrer Eltern, Liebe und Gehorsam zu koppeln, unbewußt übernommen und sich nie Gedanken über dessen Auswirkungen gemacht. Hinzu kommt, daß sie in der Vergangenheit sehr oft auf die Bedürfnisse anderer Rücksicht nehmen mußte und nun glaubt, diese Rücksicht auch von Kindern fordern zu können. Was an sich nicht falsch ist, gewinnt in der Verbindung mit Liebe und Zuwendung als pädagogisches Mittel eine problematische Dimension.

Die obigen Beispiele machen deutlich, wie bestimmte Vorstellungen und Haltungen, aber auch das eigene Menschenbild und eigene Erfahrungen das Verhalten einer Erzieherin in konkreten Situationen beeinflussen können, unabhängig davon, in welcher konzeptionellen Form von Kindergarten oder Kindertagesstätte sie arbeitet. Erzieherinnen, die bereit sind, sich auf den Prozeß der Reflexion einzulassen, haben die Möglichkeit, neben dem Entdecken eigener Ressourcen und Stärken auch ihre Schwierigkeiten und Grenzen zu erfahren und akzeptieren zu lernen. Sie können ihren Umgang mit Kindern überprüfen und die bisher gemachten Erfahrungen als Grundlage für neue Handlungsmuster nutzen. Das erleichtert es, einen Standpunkt innerhalb der vielen pädagogischen Ansätze zu finden und in der Arbeit mit wohlbedachten Werten viel Spaß mit den Kindern zu haben, weil das Unterbewußtsein nicht immer auf der Hut sein muß und eigene Schwierigkeiten oder Ängste auf die Kinder projiziert. Mit einer solchen Klärung steigt auch das eigene Selbstwertgefühl, und es fällt leichter, Anerkennung wahrzunehmen bzw. fehlende Anerkennung auszugleichen.

Soweit die Sonnenseite der Medaille. Natürlich gibt es auch bei diesem Prozeß eine Rück- oder Schattenseite: Wenn sich eine Erzieherin an alte Kränkungen erinnert, wird auch der damals empfundene Schmerz spürbar. Das macht traurig, wütend und manchmal auch verzweifelt. Es kann in der Reflexion also schmerzende Situationen geben, die Angst machen und gerne vermieden werden würden.

Hinzu kommt, daß es nicht damit getan ist, etwas zu verarbeiten und Altes aufzugeben, immer muß der zu verarbeitenden Haltung oder einem abzulegenden Bild etwas Neues entgegengesetzt, eine neue Form der Erziehung gefunden werden, die nicht einfach vom Himmel fällt. Das heißt, Erzieherinnen können in der Auseinandersetzung mit sich, ihrem „inneren Kind" und ihrem Erziehungsstil in die Situation kommen, Vertrautes aufgeben und unsicheres Neuland betreten zu müssen. Dieser Schritt kann Angst machen.

Es sollte aber in den Ausführungen deutlich geworden sein, daß eine solche Auseinandersetzung hilfreich für die Erzieherin, aber auch für die Kinder ist. In der Arbeit mit Kindern läßt sich der eigenen Erziehung und Kindheit und möglicherweise verdrängten Gefühlen auf Dauer kaum entgehen. Es kostet die Psyche viel Kraft, in der täglichen Arbeit ungeklärte „Brüche" überdecken zu müssen. Sich diese deutlich zu machen, kann zwar noch einmal für kurze Zeit schmerzhaft sein, aber die folgende Entlastung kommt der Arbeitszufriedenheit und dem beruflichen Selbstverständnis ebenso zugute wie dem Wohl der betreuten Kinder.

4

Der eigene Erziehungsstil

Methoden und Hilfen zur Reflexion

An dieser Stelle soll eine Reihe unterschiedlicher Methoden vorgestellt und beschrieben werden, die helfen können, dem „inneren Kind" auf die Spur zu kommen, das eigene Menschenbild zu reflektieren und den Erziehungsstil weiterzuentwickeln. Jede Erzieherin ist hierbei gefordert, ihre Potentiale zu nutzen und die Form zu finden, die ihr selbst entspricht.

Es gibt auch die Möglichkeit, professionelle Hilfe anzunehmen, auf die im zweiten Abschnitt des Kapitels näher eingegangen wird.

4.1 Konkrete Umsetzungsmöglichkeiten im Arbeitsalltag

Welche Bedeutung die Arbeit am eigenen Menschenbild – allein oder im Team – für den Umgang mit Kindern hat, wurde bereits mehrfach aufgezeigt. In erster Linie aber

geht es darum, selbst sicherer in bezug auf eigene Handlungskompetenzen und Gefühle zu werden, motivierter
und zufriedener mit der geleisteten Arbeit und auch möglichen Schwächen zu sein. Auch wenn es scheint, als wäre
zunächst mehr Arbeit gefordert, geht es nicht um Belastung, sondern um Entlastung.

Die im Anschluß vorgestellten Möglichkeiten können
Sie alleine oder zu mehreren erproben. Wichtig ist bei allen
Übungen, was Sie empfinden. Gefühle sind niemals richtig
oder falsch. Vielleicht aber tauchen Empfindungen auf, die
Sie als unangemessen ansehen. Dann sollten Sie für sich
selbst klären, wie es zu Ihrer Einschätzung kommt. In der
Regel drückt die Intensität eines unerwünschten Gefühles
aus, wie groß der dahinterstehende Konflikt ist. Die Übungen können natürlich nur ein Angebot sein, die eigentliche
Arbeit müssen Sie selbst leisten und die Vorgaben mit Ihren Erfahrungen und Emotionen füllen.

Tagebuch

Beginnen können Sie, indem Sie Ihre Gefühlsregungen
aufschreiben, die im Zusammenhang mit Kindern auftauchen. Nehmen Sie sich ein Heft und schreiben Sie über
vierzehn Tage Situationen auf, die Ihnen mit Kindern besonders gut gefallen haben oder die Sie besonders ärgerlich beziehungsweise wütend gemacht haben. Machen
Sie sich die Mühe, die jeweilige Situation genau zu beschreiben:

– Welches Wort gab z. B. das andere?
– Was war es, was Sie so geärgert hat?
– An welchem Punkt wurde Freude oder Ärger verspürt?
– Wie verschwand der Ärger wieder?
– Wie lange hielt die Freude an?
– Haben Sie mit jemandem darüber gesprochen? Wenn ja, was hat er oder sie dazu gesagt?

Sie verschaffen sich mit diesen Überlegungen ein Bild der Dinge, die Ihnen besonders wichtig sind, z. B. welche Verhaltensweisen Sie erfreuen und welche Sie verärgern.

Problematische Punkte werden greifbarer und spürbarer, weil Sie durch das Schreiben sensibler für Ihre Beziehung zu Kindern werden. Sicherlich können Sie auch sofort einige Punkte aufzählen, die sie an Kindern mögen, und andere, die Sie verärgern. Mittels des Tagebuches werden Sie merken, auf welche Verhaltensweisen Sie emotional besonders intensiv reagieren. Achten Sie dabei auch auf die Gefühle, die Sie in der beschriebenen Situation nicht ausagieren, d. h. zum Beispiel auf das Gefühl der Ohnmacht in einer Situation, die unlieb ist, die Sie aber nicht ändern können.

Am wichtigsten ist jedoch die Beschreibung der Konflikte. Dabei werden Sie schnell erste wichtige Aspekte Ihres Menschenbildes erkennen können. Am Ende jeder Szene, sollten Sie noch einen zusammenfassenden Satz formulieren, der folgendermaßen beginnt: „Mein Gefühl war …"

Nach zwei Wochen nehmen Sie sich noch einmal Zeit und lesen das Geschriebene durch. Dazu können Sie fol-

gendes Schema anlegen und dort Ihre Erlebnisse eintra-
gen:

Situation	Gefühl	eigene Sicht/ Gefühle	Sicht/Gefühle des Kindes
S. wollte draußen spielen und nicht seinen Teller wegräumen.	Er ist nichts „Besseres". Wut Ohnmacht	Ich habe es satt, immer wieder die Einhaltung von wichtigen Regeln durchsetzen zu müssen.	Ich muß unbedingt nach draußen, sonst verpasse ich das Spiel.
L. reißt eine Bastelarbeit entzwei, die ich als Vorlage gemacht hatte.	Wut Aggression Ohnmacht	Ich sehe meine Mühe und Fürsorge nicht wahrgenommen, es tut mir weh, wenn meine Sachen zerstört werden.	Ich will nicht so schöne Sachen sehen, die ich selbst so toll nicht hinbekommen kann.

Natürlich wird in einer solchen Tabelle am Ende auch
eine ganze Reihe positiver Erlebnisse stehen. Als Beispiel
einer möglichen Auswertung betrachten wir die zwei Bei-
spielszenen. Die Wörter Wut oder Aggression tauchen in
beiden Fällen zusammen mit dem Wort Ohnmacht auf.
Sicher kennen Sie das auch. Aber was bedeutet es, sich

in einem Streit ohnmächtig zu fühlen? Heißt das, kein Durchsetzungsvermögen, keine Strategie zu haben? Inwieweit verweisen solche Ohnmachtsgefühle auf frühere Erlebnisse und die damaligen Empfindungen, die wie ein einmal angelegtes Gefühlsraster immer wieder greifen und aktuelle Situationen prägen?

Natürlich lassen sich anhand einer solchen Tabelle auch ganz andere Zusammenhänge aufdecken.

Beziehungsbaum

Malen Sie auf ein großes Papier einen Baum, der Sie selbst als Kind im Rahmen Ihrer Familie und des direkten Beziehungsumfeldes darstellt. Die einzelnen Blätter oder Äste sollen Personen darstellen, die Ihnen in Ihrer Kindheit wichtig waren. Sie können die Form und Größe der Blätter variieren und damit die Beziehung charakterisieren. Anschließend fügen Sie Blätter und Äste für die heute wichtigen Beziehungen hinzu. Schauen Sie sich anschließend den Baum in Ruhe an. Nehmen Sie Ihr Tagebuch, und beschreiben Sie den Baum mit Ihren Worten. Was fällt Ihnen beim Betrachten auf oder wieder ein? Zum Beispiel könnte das Ihre Mutter symbolisierende Blatt sehr weit von dem des Vaters entfernt eingezeichnet sein. Was hieße das für Sie? Was hätte es damals für Sie oder auch für Ihre Eltern bedeutet?

Mein Vaterbild

Gehen Sie in Ruhe spazieren, und suchen Sie einen Gegenstand, der Ihren Vater symbolisieren kann. Gehen Sie nach Hause, und betrachten Sie diesen Gegenstand in Ruhe. Beschreiben Sie ihn und die Verbindung zu Ihrem Vater in Ihrem Tagebuch, als würden Sie es jemandem am Telefon erzählen, der den Gegenstand nicht sehen kann.

- Was haben Sie für Assoziationen?
- Wie haben Sie Ihren Vater erlebt?
- Was war an seiner Person besonders wichtig?
- Welchen Wunsch würden Sie heute noch gerne von Ihrem Vater erfüllt bekommen?
- Was lieben Sie und was hassen Sie an ihm?
- Gibt es Ähnlichkeiten zu Ihrem heutigen Partner oder Ihrer Partnerin?
- Haben Sie geheime Wünsche an Ihren Partner oder Ihre Partnerin, die eigentlich von Ihren Eltern hätten erfüllt werden sollen?

Einige Zeit später führen Sie dieselbe Übung mit einem Symbol für Ihre Mutter durch und vergleichen anschließend beide noch einmal miteinander. Dabei berücksichtigen Sie bitte, daß Männer auch starke weibliche Anteile und Frauen männliche Anteile haben können. So kann Ihr Partner mit Ihrer Mutter viel mehr gemeinsam haben als mit Ihrem Vater oder aber Ihre Partnerin Ihrem Vater sehr ähneln.

Der fiktive Brief

Stellen Sie sich vor, Ihre Mutter würde einen Brief an eine Freundin schreiben, die sie schon sehr lange nicht mehr gesehen hat. In diesem Brief schriebe sie ausführlich über Sie, beschriebe, wer Sie sind, was Sie machen, was sie an Ihnen gut oder nicht so gut findet und so weiter.

Schreiben Sie den Brief in Ihr Tagebuch. Versuchen Sie sich dabei vorzustellen, daß Ihre Mutter am Schreibtisch sitzt und sie diesen Brief schreibt.

Anschließend lesen Sie sich ihn laut vor. Wenn Sie wollen, können Sie ihn anschließend kommentieren oder auch einen Brief an die fiktive Freundin schreiben, in dem sie die Dinge aus Ihrer Sicht klarstellen.

Assoziationskette

Nehmen Sie Ihr Tagebuch, und schreiben Sie einen typischen Satz Ihrer Eltern auf, der Ihnen immer wieder gesagt wurde und der Ihnen in letzter Zeit im Zusammenhang mit Ihren Eltern wieder eingefallen ist. Formulieren Sie anschließend den Satz oder ein besonderes Wort darin um. Schreiben Sie jetzt alles auf, was Ihnen bei diesem Satz einfällt, ohne es zu bewerten, auch Dinge, von denen Sie glauben, daß sie mit dem ursprünglichen Satz gar nichts mehr zu tun haben. Wenn Sie fertig sind, schauen Sie sich alles noch einmal in Ruhe an. Fällt Ihnen etwas besonders auf? Sind Sie in der Zeit Ihrer Kindheit geblieben, oder aber haben Sie die Ebenen gewechselt?

Anschließend formulieren Sie einen Satz, in dem Sie ausdrücken, wie Sie den Ausspruch Ihrer Eltern inzwischen sehen und wie Sie ihn Ihren Kindern vermitteln würden: „Ich würde zu meinen Kindern sagen …"

Damit wird deutlich, wie Sie sich von bestimmten Idealen oder Vorstellungen Ihrer Eltern fortentwickelt haben beziehungsweise wie einverstanden Sie mit diesen sind, was Sie vermutlich auch in Ihrer Arbeit genauso vermitteln.

Am liebsten wäre mir ….

Nehmen Sie sich fünf Blätter, und schreiben Sie auf jedes Blatt einen der folgenden fünf Satzanfänge:
– Im Umgang mit Kindern freue ich mich …
– Im Umgang mit Kindern macht mich wütend …
– Im Umgang mit Kindern verzweifle ich …
– Im Umgang mit Kindern möchte ich am liebsten …
– Im Umgang mit Kindern frage ich mich …

Schreiben Sie nun unter den jeweiligen Satzanfang so viele Fortsetzungen, wie Ihnen einfallen, was auch im Laufe mehrerer Tage geschehen kann. Anschließend nehmen Sie sich den Satz, der etwas beschreibt, was Ihnen im Umgang mit Kindern besonders wichtig oder besonders unangenehm ist, und schreiben ihn auf einen kleinen Zettel. Diesen Zettel nehmen Sie mit zur Arbeit und lesen ihn sich im Laufe des Tages immer wieder durch. Beobachten Sie die Kinder in Ihrer Gruppe unter diesem Gesichtspunkt. Kann es sein, daß Sie die Kinder gemäß Ihrer Formulierung verändern möchten? Versuchen Sie, in sich die Hintergründe aufzufinden: Woher kommt es, daß Sie so denken; wozu brauchen Sie dieses Denkmodell? Achten Sie bei Ihrem Satz darauf, daß Sie nicht etwa: „Man macht …" schreiben, sondern: „Ich möchte …"

Gehen Sie auf diese Weise auch die anderen Formulierungen durch, wobei nicht immer das Beobachten der Kinder erforderlich ist. Im Anschluß formulieren Sie in Ihrem Tagebuch positive Leitsätze für Ihre Arbeit anhand der Beobachtungen und Überlegungen. Auch negative Aspekte werden ins Tagebuch geschrieben und beginnen mit: „Ich möchte darauf achten, nicht mehr …"

Kinder sollen ...

Nehmen Sie sich ein großes Blatt Papier, und schreiben Sie oben auf das Papier folgenden Satzanfang: „Kinder sollen …"

Nun beginnen Sie, all das auf das Papier zu schreiben, was Ihnen zu diesem Satzanfang einfällt. Anschließend versuchen Sie, die Sätze zu ordnen:
– Was ist Ihnen besonders wichtig?
– In welcher Reihenfolge würden Sie das Kindern wünschen?
– Gibt es Kategorien, mit denen Sie die Möglichkeiten der Kinder zusammenfassen können?
– Was haben Sie als Kind von diesen Punkten erlebt, was blieb ein unerfüllter Wunsch?

– Worauf wollen Sie in nächster Zeit bei den Kindern
   besonders achten?

Wo war ich ein starkes und wo ein schwaches Kind?

Überlegen Sie sich, was Sie an Kindern „stark" und was
„schwach" finden (oder welche Wörter Sie ansonsten dafür benutzen mögen). Wenn Sie sich für zwei Aspekte entschieden haben, beschreiben Sie sich selbst im Hinblick
auf diese Eigenschaften ausführlich in Ihrem Tagebuch.

– Wie sehen Sie sich nun aus der Perspektive einer Er-
   wachsenen?
– Sind Sie zufrieden mit sich?
– Haben Sie früher Freunde oder Geschwister gehabt,
   die besondere Seiten an Ihnen förderten oder auch be-
   hinderten?
– Wie könnte man einen Satz formulieren, mit dem je-
   mand Sie damals beschrieben hätte?
– War die Beziehung zu dieser Person für Sie in Ord-
   nung?
– Was hätten Sie damals gebraucht, um die fehlenden
   Kompetenzen zu entwickeln bzw. zu stärken?

Verletzende Aussprüche von Erzieherinnen

Schreiben Sie in Ihr Tagebuch alle Phrasen und Aussprüche von Erzieherinnen und Eltern, die Sie als Kind verletzt haben und an die Sie sich erinnern, z. B.: „Solange

du an meinem Tisch sitzt, machst du, was ich sage!" –
„Bösen Kindern lese ich keine Geschichte vor."

Überlegen Sie sich nun, auf welchen Ebenen Kinder
mit solchen Sprüchen verletzt werden können, vielleicht
in ihrem Selbstvertrauen, ihrem Vertrauen in andere, ihrer Neugier, dem Gefühl der Sicherheit etc. Betrachten Sie
die aufgeschriebenen Aussprüche, und versuchen Sie sich
zu erinnern, wie Sie sie früher empfunden haben und was
in Ihnen vorging, als sie Ihnen gesagt wurden.

Es ist hilfreich, am Ende die Aussprüche so umzufor-
mulieren, daß sie nicht mehr verletzen und für Sie akzeptabel sind.

Hier noch ein paar Beispiele für verletzende Aussprüche,
wie vielleicht auch Sie sie bei der einen oder anderen Ge-
legenheit einmal gesagt bekommen haben:
– „Stör nicht immer, du bist lästig."
– „Wie siehst du denn schon wieder aus!"
– „Mach dich nicht immer so schmutzig!"
– „Bist du zu blöd, um das zu kapieren?"
– „Merkst du denn gar nichts?"
– „Nur wenn du lieb bist, kann ich dich leiden."

Meine Autoritäten

Überlegen Sie, wer in Ihrer Kindheit eine prägende Autorität war und wie Sie diese Person damals erlebt haben:
– War sie ein positives oder ein negatives Vorbild?

– Was genau faszinierte oder aber ängstigte Sie an dieser
  Person?
– Haben Sie von ihr bestimmte Verhaltensweisen oder
  Leitmotive übernommen? – Wie beurteilen Sie die Au-
  toritätsperson aus heutiger Sicht?
– Hat sich für Sie Wesentliches in der Art und Weise,
  wie die Person mit Ihnen umgegangen ist, verändert?

Erschreckende Situationen

Überlegen Sie, welche Situationen Sie in letzter Zeit erschreckt haben.
– Gibt es Ähnlichkeiten oder Übereinstimmungen der
  Situationen?
– Was erschreckt oder verunsichert Sie an dieser Situation?
– Kennen Sie ähnliche Situationen von früher?
– Wie reagieren Sie darauf? Ziehen Sie sich zurück, oder
  gehen Sie in die Offensive?
– Haben Sie das Gefühl, richtig zu reagieren, oder wünschen Sie sich eine andere Reaktion Ihrerseits? Wenn
  ja, wie sähe diese aus? Gibt es kleine Schritte, die Sie
  nach und nach unternehmen können, um eine solche
  zufriedenstellende Reaktion zu erzielen?

Was hat sich denn bis heute verändert?

Nehmen Sie sich Zeit, und beantworten Sie die folgenden Fragen in Ruhe.

- Was haben Sie als Kind für Träume und Ziele für Ihr Leben gehabt?
- Was haben Sie davon erreicht?
- Wie haben Sie es erreicht?
- Wer war dabei ein wichtiger Begleiter in Ihrem Leben?
- Wie hätte dieser Mensch Sie beschrieben?
- Wie unterscheidet sich Ihre Lösungsstrategie, wenn Sie heute Schwierigkeiten haben, von der früheren?
- Welche Werte und Normen sind Ihnen heute in Beziehungen zu anderen wichtig?
- Erfüllen viele Menschen in Ihrer Umgebung diese Normen und Werte?
- Haben Sie das Gefühl, eine gute Erzieherin zu sein?
- Entsprechen Sie selbst den Erwartungen, die Sie an Kolleginnen haben?
- Sind Sie in Ihrem eigenen Verhalten als Erzieherin sicher, taugen Sie als Modell?
- Wie gut entwickelt ist Ihr Selbstwertgefühl, wer oder was hat Ihnen geholfen, es zu entwickeln?
- Wie steht es mit Ihrer Handlungskompetenz im Hinblick auf die vielen kleinen Individualisten, mit denen Sie umgehen?
- Schlucken Sie zuviel Ärger hinunter, oder brausen Sie schnell auf?
- Welche Gefühle können Sie anderen leicht mitteilen?
- Was fällt Ihnen dagegen schwer zu sagen?

– Worauf möchten Sie in nächster Zeit besonders achten, um es besser zu machen?

Wie ist es Ihnen beim Schreiben ergangen? Welche Fragen
waren besonders schwer? Ist Ihnen sofort ein passendes
Ereignis bzw. eine passende Antwort eingefallen? Wie
wirkt es auf Sie, wenn Sie die Antworten lesen? Nehmen
Sie sich ein paar Tage immer wieder die Antworten vor,
und lassen Sie sie auf sich wirken. Fallen Ihnen Ideen
und Geschichten aus Ihrer Kindheit ein? Schreiben Sie
diese auf, und arbeiten Sie damit weiter.

Sollten Sie bei den Übungen auf besondere Erkenntnisse
gestoßen sein oder etwas besonders Wichtiges für sich entdeckt haben, können Sie sich ein Symbol suchen, das Sie
im Alltag immer wieder daran erinnert, sei es ein Stück
Stoff, ein Stein oder eine Kette. So bleibt die Auseinandersetzung mit dem eigenen Menschenbild und dem „inneren
Kind" nicht auf kurze Momente der Reflexion beschränkt,
sondern kann immer wieder vergegenwärtigt werden.

4.2 Hilfe von außen

Bei den drei folgenden Methoden, das eigene Menschenbild
zu reflektieren, ist Hilfe von außen, d. h. von Fachleuten notwendig. Bei der kollegialen Beratung ist die Fachlichkeit Ihrer Kolleginnen gefragt, während Sie im Falle der Supervision und Therapie ein Experte bzw. eine Expertin unterstützt.

Kollegiale Beratung

Die interne Teamberatung ist eine Möglichkeit, im Team eine Lösung zu finden, mit der eine einzelne Kollegin ihre Handlungsweisen verbessern und ihr Menschenbild und ihren Umgang mit Kindern reflektieren kann. Bevor ein Team in diese Form der Arbeit einsteigt, muß geklärt sein, daß alle Kolleginnen mit dieser Form einverstanden sind. Es ist wichtig, daß sich alle im Team an das Konzept der Kollegialen Beratung halten und nicht vorschnell Schlüsse ziehen oder Lösungsmöglichkeiten anbieten. Sinn der Teamberatung ist es, daß die Kollegin, die Probleme in ihrer Arbeit hat, zu einer Lösung findet, die ihr entspricht. Nur dann wird sie die Neuerungen in ihrer konkreten Arbeit auch durchsetzen können und sie mit ihrer ganzen Person vertreten. In der Teamberatung oder Kollegialen Beratung achten die Kolleginnen darauf, daß sie sich eine Problemsituation so erzählen lassen, daß sie von allen verstanden werden kann. Dann versuchen sie, Lösungen zu finden, ohne daß die betroffene Erzieherin sich dazu äußert; sie hört sich erst einmal alles an, was die anderen für Ideen entwickeln. Erst ganz am Schluß wird gemeinsam diskutiert.[1]

---

1 Ausführlicher beschrieben wird die Kollegiale Beratung in: Heike Baum, Kleine Kinder – große Gefühle. Kinder entdecken spielerisch ihre Emotionen, Freiburg 1998, S. 41 ff. Vgl. auch Arbeitsgemeinschaft für Gruppenberatung (Hrsg.), Teamarbeit und Mitarbeiterberatung (Heft 5), Münster.

Supervision

In der Supervision können Menschen die unterschiedlichen Ebenen ihrer Arbeit reflektieren und verstehen. Es gibt viele Ursachen, warum eine Erzieherin im Beruf nicht mehr die gewünschten Erfolge erzielen kann. Gemeinsam wird in der Supervision nach den Möglichkeiten gesucht, die helfen, neue Handlungsweisen auszuprobieren und die eigenen Ressourcen im besten Maße zu nutzen. Die Supervisorinnen und Supervisoren arbeiten mit dem Material, das die Supervisantin mitbringt. Es bietet sich dort die Möglichkeit, Konflikte in der Arbeit zu besprechen und zu verstehen, warum man selbst oder andere so reagieren. Es werden im Anschluß Lösungsansätze erarbeitet oder die unterschiedlichen Erwartungen überprüft, die die Erzieherin, ihr Arbeitgeber, Eltern und Kolleginnen haben. In erster Linie geht es darum, die eigenen Kompetenzen zu spüren und sie zu stärken. Im Verlauf einer Supervision wird die Supervisantin immer wieder auf ihr eigenes Menschenbild stoßen und sich mit ihm und der eigenen biographischen Prägung auseinandersetzen müssen.

Therapie

In der Therapie geht es in erster Linie um die persönlichen Schwierigkeiten im Umgang mit sich oder anderen. Um zu lernen, liebevoller und verantwortungsbewußter mit sich umzugehen, wird in der Therapie biographisch gearbeitet. Die Patientin erzählt dem Therapeuten oder der Therapeutin, was sie gerade beschäftigt, und gemeinsam begeben sich die beiden auf die Suche nach den Ursachen dieses Gefühls. Es gibt inzwischen eine Reihe unterschiedlicher Ansätze in der Therapie, so daß sich eine Erzieherin vor Ort über die Methoden der jeweiligen Therapieform erkundigen muß.

Für die Suche nach dem „inneren Kind" und die Reflexion des eigenen Menschenbildes und Erziehungsstils ist es natürlich nicht unbedingt notwendig, eine Therapie zu machen. Sollte eine Erzieherin jedoch auf Dauer größere Probleme mit sich und ihrer Arbeit haben und keine Lösungsmöglichkeiten entdecken, kann es sinnvoll und entlastend sein, diesen Schritt zu tun.

5

Resümee

Das Menschenbild prägt den Umgang mit sich und anderen: Erziehungsstil und Selbstverständnis als Erzieherin

Das „innere Kind" hat in diesem Buch viel Raum eingenommen. Es ist deutlich geworden, in welchem engen Zusammenhang dieses „innere Kind", das Menschenbild und der Erziehungsstil einer Erzieherin stehen. Die eigene Biographie hat gerade in diesem Beruf eine besondere Bedeutung, in dem die vielen, immerzu präsenten Kinder mit ihrer Vitalität, Offenheit und Verletzbarkeit immer wieder an die eigenen „Anfänge" erinnern.

Wenn es möglich wäre, alle „inneren Kinder" zu heilen, hätten zukünftige Generationen mehr Chancen, in innerer und äußerer Freiheit aufzuwachsen. Die Erwachsenen wüßten, daß Kinder keine heile Welt erleben können, nicht brauchen und auch nicht wollen. Sie wollen aus sich heraus die Welt entdecken, sich den Raum nach und nach erobern, ihre Grenzen erfahren und die unterschiedlichsten Gefühle entdecken. Sie wollen begreifen, wie das Leben schmeckt, das ganze! Dazu darf von den

Erwachsenen nichts ausgespart sein, sondern die Kinder müssen entscheiden, was sie erleben wollen und was nicht. Vielleicht sehen Sie jetzt Kinder vor Augen, die in brennenden Häusern stehen, vor ein Auto laufen oder im See ertrinken. Aber genau das ist der Punkt: Es geht nicht darum, Kinder völlig frei walten und damit auch alleine zu lassen. Die Kinder sollen und wollen auf ihrer Entdeckungsreise begleitet werden. Sie wollen die Unterstützung, die Hilfe und auch die für sie verstehbare Grenze der Erwachsenen. Die Kinder bestimmen die Richtung, das Tempo und die Intensität des Erlebens, die Erwachsenen sind eine natürliche Autorität im ursprünglichsten Sinne: Sie sind Begleiter und Förderer!

Wenn es Ihnen gelingt, in der Auseinandersetzung mit sich das „innere Kind" zu entdecken, werden Sie auch den Zugang zu den Bedürfnissen wiederfinden, die Sie in Ihrer Kindheit hatten. Es ist dann möglich, das Denken als Erwachsene für einen kurzen Augenblick sein lassen zu können und die Chancen einer freien Kindheit zu erfassen.

Eine reflektierte Pädagogik ermöglicht einer Erzieherin, frei von vergangenen und verdrängten Situationen, die sie belasten, ohne daß sie es vielleicht weiß, zu denken und zu handeln.

Frei wird die Erzieherin aber auch noch in einem anderen Sinne. Es wird ihr möglich, aus sich selbst heraus Anerkennung für ihre Arbeit zu entwickeln und sich selbst anzunehmen. Das „innere Kind" ist gleichsam nachgewachsen, es hat die Liebe und Anerkennung gefunden, die vielleicht zu früheren Zeiten fehlten, und muß sich nicht in jeder Begegnung mit anderen Menschen fragen, ob diese eine Bedrohung darstellen. Das heißt, die Erzieherin ist nicht mehr damit beschäftigt nachzuholen.

Frei wird auch ihr Denken über Kinder. Sie braucht keine starren Muster mehr, mit denen sie Kinder einordnen kann, sondern kann die Individualität jedes Kindes sehen und akzeptieren, weil keine Eigenart, kein Verhalten sie insofern bedroht, als ein „Geheimnis" in ihr schlummert, mit dem sie nicht konfrontiert werden will. Die daraus resultierende Gelassenheit ermöglicht, Kinder *ihren* Weg gehen lassen, ohne am Sinn und Erfolg der eigenen Arbeit zu zweifeln und das Gefühl zu haben, nicht gebraucht zu sein. Gerade dann kann dieser anspruchsvolle Beruf die Zufriedenheit bringen, die oft fehlt, wenn starr nach einem Bild erzogen wird.

Der in diesem Buch beschriebene Prozeß der Reflexion erhält auch die Neugierde auf neue Denkansätze, neue Kinder und neue Eltern. Es ist weitaus spannender, mit unvoreingenommenem Blick auf Menschen zuzugehen. Vielleicht wird so auch deutlich, daß Eltern und Erzieherinnen nicht in Konkurrenz stehen, sondern alle an einem Strang ziehen: den Kindern zu einem glücklichen Leben zu verhelfen.

Kinder sind bereit, sich auf eine partnerschaftliche Beziehungsebene einzulassen und Achtung vor der Individualität und Eigenart der anderen zu haben. Aber wann werden die Erwachsenen soweit sein, dieses nicht mehr als Verlust, sondern als Chance zu begreifen und zu nutzen?

rzieherin life

Christine Merz
**Das hatte ich mir
ganz anders vorgestellt**
*Die erste Berufskrise und ihre
Bewältigung*
Erzieherin life
144 Seiten, Klappenbroschur
ISBN 3-451-26502-8

Christine Merz
Das hatte ich
mir ganz anders
vorgestellt
Die erste Berufskrise und ihre
Bewältigung

Erzieherin ■ life

t sind Erzieherinnen schon nach kurzer Zeit von
em Arbeitsalltag enttäuscht. Dieses Buch hiift, die
ene Motivation und die Erwartungen an den
ruf zu hinterfragen, die Vielfalt seiner
glichkeiten zu entdecken und so den „toten
kt" zu überwinden.

Monika Bröder
Meine
Kolleginnen
werden immer
jünger
Älterwerden in einem
anspruchsvollen Beruf

Erzieherin ■ life

Monika Bröder
**Meine Kolleginnen
werden immer jünger**
*Älterwerden in einem
anspruchsvollen Beruf*
Erzieherin life
128 Seiten, Klappenbroschur
ISBN 3-451-26501-X

Konstant hohe Anforderungen scheinen das Älterwerden im Erzieherinnen-Beruf unmöglich zu
machen. Mit den Jahren wachsen aber auch
Kompetenz und Erfahrung. Monika Bröder zeigt,
wie das Älterwerden als Erzieherin mehr
Arbeitszufriedenheit und Selbstsicherheit mit sich
bringen kann.

ERDER   **Im Buchhandel erhältlich!**

Erzieherin life

Clemens Schaub
Jetzt auch noch Managerin!
*Der Spagat zwischen
pädagogischem Anspruch
und Wirtschaftlichkeit
Erzieherin life
128 Seiten, Klappenbroschur
ISBN 3-451-26505-2*

Die Kassen sind leer und die Kindergärten oft voll – und teuer! Gleichzeitig sind „neue Steuerungsmodelle" in aller Munde, Aspekte der Managerschulung werden auf Erzieherinnen übertragen. So manche Erzieherin wird sich da fragen, was sie neben den Anforderungen als Entwicklungsbegleiterin, Psycho-login, Rhythmiklehrerin, Organisatorin etc. noch alles bewältigen soll: auch noch Finanzmanagerin?
Kritisch fühlt der Autor dem Modethema auf den Zahn, verdeutlicht sinnvolle Aspekte und absurde Auswüchse. Was bedeuten Begriffe wie „Kundenorientierung" oder „Qualitätssicherung" eigentlich für die Erzieherin? Welche Auswirkungen haben die „neuen Steuerungsmodelle" auf ihre tägliche Arbeit, ihren Status und ihr Selbstverständnis? Was für die eine Erzieherin ein Zuwachs an Verantwortung sein kann, bedeutet für die andere ein Greuel, dem sie mit ihrer Berufswahl zu entgehen hoffte. Einfühlsam werden die verschiedenen Aspekte der Wirtschaftlichkeitsdebatte verdeutlicht und Möglichkeiten aufgezeigt, mit den neuen Anforderungen umzugehen und sie auch als Chance zu begreifen.

HERDER   Im Buchhandel erhältlich!

rzieherin heute

HERDER   Im Buchhandel erhältlich!

Auf den Punkt gebracht ...

64 Seiten, gebunden,
s/w und vierfarbig illustriert
ISBN 3-451-26530-3

3. Aufl., 64 Seiten, gebunden,
s/w und vierfarbig illustriert
ISBN 3-451-26391-2

Im Kindergarten geht's ab –
davon wissen ErzieherInnen
ein Lied zu singen.
Mit ironischem Blick und
sicherem Strich bringt
Renate Alf auf den Punkt,
was es heißt ErzieherIn zu
sein.
Witzige Cartoons - zum
Entspannen, Schmunzeln
und Weiterschenken.